Ulrike Grützner

SOL für Schüler

Methoden und Techniken für das selbstorganisierte Lernen an beruflichen Schulen

Best.-Nr. 1020
Holland + Josenhans Verlag Stuttgart

1. Auflage 2005

Dieses Werk folgt der reformierten Rechtschreibung und Zeichensetzung.

Das Buch ist auf Papier gedruckt, das aus 100% chlorfrei gebleichten Faserstoffen hergestellt wurde.

Telefon: 07 11/6 14 39 20, Fax: 07 11/6 14 39 22
E-Mail verlag@huj.03.net
Internet: www.holland-josenhans.de

Satz: Oleg Kovalevski, 70563 Stuttgart
Layout: Doris Sperber, 72770 Reutlingen
Umschlagfoto: Getty Images GmbH, 80469 München

Druck- und Weiterverarbeitung: LFC print + medien GmbH, 72072 Tübingen

ISBN 3-7782-1020-3

Vorwort

Selbstständig Probleme sehen, geeignete Lösungen dafür finden und sie erfolgreich erproben, das gehört zu den grundlegenden Fähigkeiten und Fertigkeiten, die Sie als SchülerInnen oder Auszubildende vor Eintritt in Ihr Berufsleben beherrschen sollen. Man erwartet von Ihnen folglich, dass Sie

- sich die nötigen Schlüsselqualifikationen aneignen und sie trainieren,
- Ihren Lernprozess (zunehmend) selbstständig organisieren und damit
- Eigenverantwortung für Ihren Lernerfolg übernehmen.

Das sind die Grundpfeiler für SOL - selbst organisiertes Lernen.

Das Buch stellt Ihnen dazu eine ganze Reihe von Arbeitstechniken vor:

- Aufsuchen und Erschließen von Texten und ihre Einordnung in bereits bekannte und bestehende Zusammenhänge,
- miteinander ins Gespräch kommen (z.B. über Ihren Lernerfolg),
- Projekte organisieren und Ergebnisse präsentieren,
- erarbeitetes Wissen dokumentieren: mittels Schülervortrag und Facharbeit.

Welche Arbeitsschritte (=Methoden) Sie jeweils gehen sollten, wird Ihnen kapitelweise erklärt und an Beispielen veranschaulicht. Und da diese Techniken vielfach miteinander zusammenhängen, werden Sie immer wieder auf ein anderes Kapitel verwiesen.

Das Buch ist als Nachschlagewerk gedacht, das in jeder Phase des selbstorganisierten Lernens weiterhilft. Damit kann es zu einem ständigen Begleiter während Ihrer Ausbildung werden.

In diesem Sinne Viel Erfolg.

An alle, die solche Lernprozesse initiieren wollen!

SOL für Schüler ist zwar als Nachschlagewerk für die Schülerhand aufbereitet - aber so gestaltet, dass sich daraus problemlos Unterrichtskonzepte zum Methodentraining entwickeln lassen. Anregungen dazu gaben bzw. geben z.B.

- Das SOL-Papier (ein systemischer Ansatz für Unterricht, 2003) des Ministeriums für Kultus, Jugend und Sport von Baden-Württemberg mit dem Ziel binnendifferenzierter Gruppenarbeit.
- H. Meyer: UnterrichtsMethoden II: Praxisband (Cornelsen, 2003).
- H. Klippert: Methoden-Training. Übungsbausteine für den Unterricht (Beltz, 2004).
- H. Klippert: Teamentwicklung im Klassenraum. Übungsbausteine für den Unterricht (Beltz, 2002).
- B. Hugenschmidt / A. Technau: Methoden schnell zur Hand. 58 schüler- und handlungsorientierte Unterrichtsmethoden (Klett, 2002).

Nicht zu unterschätzen: der gegenseitige Meinungsaustausch im Kollegium zwecks Vermittlung einheitlicher Standards zur Methodenkompetenz.

U. Grützner

Inhaltsverzeichnis

1 Erfolgreich lernen

Sie erfahren,

- woran Sie Ihren Lerntyp erkennen, und wie Sie am besten lernen,
- wie Sie die Methode der vollständigen Handlung zum Erfolg führt,
- welche Momente den Lernerfolg behindern,
- wie Sie erfolgreich lernen können.

Einige Grundgedanken, wie man erfolgreich lernt

In Ihrem beruflichen Alltag stehen Sie immer wieder vor Problemen, die eine zügige und effektive Lösung erfordern. Entweder Sie wissen genau, was zu tun ist oder Sie müssen sich, vor allem am Anfang der Ausbildung, einen sinnvollen Handlungsablauf erst überlegen. Grundlage Ihres Erfolges ist das Modell der vollständigen Handlung. Besonders im schulischen Lernprozess, aber auch bei der Arbeit, gibt es aber Dinge, die Sie am Erfolg hindern: Sie haben plötzlich ein Black-out und wissen nicht mehr, was zu tun ist, oder Sie verlieren zu viel Zeit, oder Sie schleppen, häufig ungewollt, persönliche Probleme mit in den Arbeitsalltag, die Sie so stark belasten, dass Sie nicht mehr effektiv arbeiten können. Erkunden Sie anhand der folgenden Seiten selbst, wo Ihre Probleme beim Lernen liegen und überlegen Sie, wie Sie Ihre wirkliche Leistungsfähigkeit zeigen können.

1.1 Lerntypen

Wie lernen Sie am besten? Lernen funktioniert über alle Sinne. In der Berufsschule wird häufig nur einer dieser Sinne bevorzugt gefordert – das muss aber nicht der sein, mit dem Sie optimal die neuen Inhalte aufnehmen. Vier Lerntypen lassen sich unterscheiden:

Der auditive, visuelle, handelnde, verbale Lerntyp

Der eine lässt sich den Stoff durch einen Gesprächspartner mit Worten möglichst anschaulich erklären (auditiv)

Der zweite betrachtet Bilder oder beobachtet Handlungsabläufe (optisch, visuell).

Der dritte erfasst den Stoff durch Anfassen und Handeln (haptisch).

Der vierte braucht nur einen Text zu lesen und weiß Bescheid (abstrakt-verbal).

Überprüfen Sie selbst, zu welchem Lerntyp Sie zählen: kreuzen Sie nachstehende Situationen an, in denen Ihnen das Lernen am leichtesten fallen würde.

a	Ich mache mir zu einem Sachtext eine Tabelle.	☐
b	Der Lehrer hält einen Vortrag.	☐
c	Ich sehe ein Video über das Thema.	☐
d	Ich schaue mir ein Bild an.	☐
e	Ich sammle verschiedene Dinge, klebe und notiere kurze Erläuterungen dazu in ein Heft.	☐
f	Eine Mitschülerin liest einen Text vor.	☐
g	Ich fertige mir zu einem Lernstoff eine Zeichnung an.	☐
h	Der Lehrer zeigt uns Dias.	☐
i	Ich höre eine Reportage.	☐
j	Ein Mitschüler erklärt mir etwas.	☐
k	Ich schreibe Vokabeln oder Stichwörter auf einen Zettel.	☐
l	Ich gehe in ein Museum.	☐

Lernen Sie eher handelnd (a, e, g, k) oder hörend (b,f,i,j) oder eher sehend (c, d, l, h)? Entsprechend versuchen Sie nun, Ihr selbstständiges Lernen zu organisieren.

1.2 Das Modell der vollständigen Handlung

Ihr Lernerfolg hängt von drei Voraussetzungen ab:

Erfolgreich sein: Ziel-Planung-Konsequenz

■ Sie haben ein klares Ziel vor Augen.	*z.B.: Ich will eine gute Klausur schreiben.*
■ Sie entscheiden – möglichst unter Berücksichtigung Ihres Lerntypes – wie Sie dieses Ziel erreichen.	*Dazu muss ich drei Tage vorher anfangen, systematisch die Schwerpunkte der Klausur zu wiederholen und zwar durch Handeln, Aufschreiben, Erzählen, Ausprobieren ...*
■ Und Sie bleiben konsequent und sich selbst treu.	*Ich lerne tatsächlich in diesen drei Tagen und kann mich am Ende in Ruhe auf meine Klausur konzentrieren.*

Wie organisieren Sie sich Ihren Erfolg? Dafür gibt es eine Art Ritual: das Modell der vollständigen Handlung. Sie setzen sich ein **Ziel**, überlegen, welche Wege es dorthin gibt (**Planung**), **entscheiden** sich für einen dieser Wege und verwenden dafür die nötigen Hilfsmittel. Dann führen Sie Ihren Plan aus (**handeln**), anschließend **kontrollieren** Sie Ihr Ergebnis (Ziel erreicht?) und überlegen kritisch, was schon gut war oder was beim nächsten Mal zu verbessern ist (**bewerten**). Im Schaubild lässt sich dieser Prozess so darstellen:

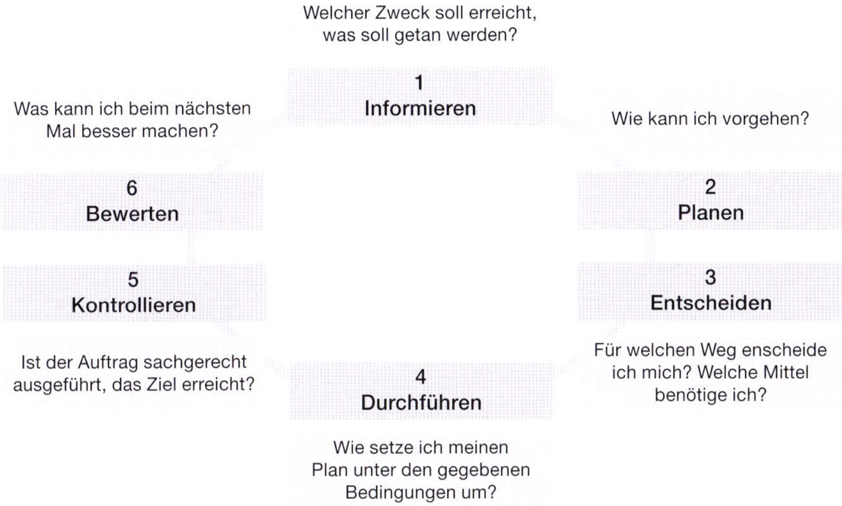

❶ Ziel ↓	*Sie informieren sich über den Termin für die Klassenarbeit mit den entsprechenden Schwerpunkten.*
❷ Planen ↓	*Sie gliedern diese Schwerpunkte und notieren, wie viel Zeit Sie zur Wiederholung benötigen.*
❸ Entscheiden ↓	*Sie entscheiden, ob Sie langfristig oder kurzfristig lernen und wiederholen wollen, und Sie entscheiden, nach welcher Methode Sie wiederholen wollen, z.B: Tabellen, Schaubilder, Lernkarteien anlegen, Eselsbrücken bauen, Merksätze aufschreiben, Spickzettel erstellen, Vorträge halten, Probetests schreiben, Frage-Antwort-Spiele durchführen usw.*
❹ Handeln ↓	*Sie nehmen sich tatsächlich die dafür nötige Zeit.*
❺ Kontrollieren ↓	*Sie kontrollieren zwischendurch, ob Sie sich wirklich an Ihren Plan halten und das beherrschen, was Sie z.B. nach dem ersten Tag der Wiederholung können wollten.*
❻ Beurteilen	*Das Ergebnis der Klausur zeigt an, ob Sie erfolgreich wiederholt haben. Sind Sie unzufrieden, dann suchen Sie in Schritt 2, 3 oder 4 dieses Modells etwas zu verändern.*

1.3 Lernhemmnisse

Was das Lernen behindert

Es gibt eine ganze Reihe von Gründen, die Sie am erfolgreichen Lernen hindern und Ihnen am Ende sogar den Misserfolg bescheren. Die einen Gründe überfordern Ihr Gedächtnis, die anderen sind eher psychisch bedingte Lernstörungen. Wenn Sie diese kennen, dann können Sie sie auch gezielt beseitigen.

a) Erinnern und Vergessen

Ihr Gedächtnis arbeitet in drei Stufen und merkt sich auf diese Weise den Lernstoff.

❶ Das **Ultrakurzzeitgedächtnis** nimmt – auf allen Sinneskanälen – neue Inhalte wahr.

↓

❷ Diese werden im **Kurzzeitgedächtnis** kurzfristig abgespeichert.

↓

❸ Durch wiederholtes Üben und Anwenden gelangen diese Inhalte ins **Langzeitgedächtnis.**

↓

Wenn Sie Dinge täglich immer wieder aufs Neue wiederholen, weil sie z.B. selbstverständliche Arbeitsabläufe betreffen, dann gehen diese Handlungsabläufe oder Wissensbausteine ins **Unterbewusstsein** über, d.h. Sie verinnerlichen diese so weit, dass Sie nicht mehr darüber nachdenken müssen.

Tipp: Bei der Vorbereitung auf eine Klassenarbeit verinnerlichen Sie nur das, was Sie bereits im Betrieb sehr oft routinemäßig durchdacht haben.

↕

Der Übergang ins Langzeitgedächtnis wird aber versperrt, wenn

Fehler beim Speichern vermeiden

... Sie ohne Unterbrechung lernen. Dann hat das Gehirn keine Zeit, den alten Stoff zu verarbeiten, bevor Sie weiteren neuen Stoff aufnehmen. Damit vermischen sich alter und neuer Stoff zu einem geistigen Durcheinander.

... Sie ähnliche Themen dicht hintereinander lernen. Weil sich z.B. englische von französischen Vokabeln manchmal wenig unterscheiden, braucht das Gehirn eine Lernpause, sonst entstehen Verwechslungen. Ähnliches gilt z.B. auch für Mathe und Physik.

... das Gehirn mehrere Dinge gleichzeitig tun soll, zum Beispiel Englisch-Vokabeln lernen und parallel dazu Radio hören oder fernschauen. Diese Ablenkung ist häufig interessanter, sodass das eigentliche Wissen nicht wirklich haften bleibt, noch nicht einmal im Ultrakurzzeitgedächtnis.

Tipp: Gelegentlich unterstützen geeignete Hintergrundgeräusche aber auch das Lernen, weil sie den Geist entlasten. Ob und wann Ihnen dieser Erholungseffekt zu Gute kommt, müssen Sie selbst ausprobieren.

... das Gehirn durch Unordnung am Arbeitsplatz optisch irritiert wird. Diese räumliche Unordnung überträgt sich auf die Unordnung des Geistes. Schlechte, also sauerstoffarme Luft macht den Geist zusätzlich müde und verringert die Lernkraft.

Zu viel auf einmal – fehlende Strukturen

... keine Zeit zum Lernen bleibt. Denn das Gedächtnis will genauso trainiert werden, wie z.B. ein Sportler seinen Körper trainieren muss, um höchste Leistungen zu erbringen. Erhält das Gedächtnis die dafür nötige Zeit nicht, dann kann es nicht mehr sortieren und selbst Gelerntes ist plötzlich nicht mehr verfügbar. Auch wenn das Wissen noch bis zur nächsten Klausur reichen sollte – für die Abschlussklausur ist es mit Sicherheit nicht mehr verfügbar.

... das Gehirn „verkampft", weil es zusätzlich noch unter **Leistungs- oder Erfolgsdruck** steht. Dieser Druck kann zu psychischen Barrieren führen, die den Lernprozess behindern:

b) psychologische Lernhemmnisse

Angst steuert das Verhalten

❶ Sie erwarten in der nächsten Klausur eine schlechte Note, weil Sie schon immer schlechte Klausuren geschrieben haben. Entsprechend verhalten Sie sich und erzielen damit das erwartete Ergebnis (= die sich selbst erfüllende Prophezeihung)

↓

❷ **Furcht vor Misserfolg**: Sie wollen zwar etwas ändern, wissen aber nicht, was. Angst stellt sich ein. Ihre Angst vor dem Versagen lähmt das Nachdenken, und erzeugt damit den nächsten Misserfolg.

↓

❸ Gegen diese Angst greifen Sie gelegentlich zu **Vermeidungsstrategien**: Sie tun automatisch etwas anderes, als das, was der Lehrer oder Ausbildende von Ihnen erwartet und werden wieder nicht positiv bewertet.

↓

Ändern Sie etwas in Ihrer Planung (Stufe2), treffen Sie eine andere Entscheidung (Stufe 3), arbeiten Sie konsequent an Ihrem Erfolg.

Hinweis: Auch diese Dinge halten Sie vom kontinuierlichen und zielgerichteten Lernen ab. Kreuzen Sie an, was auf Sie zutrifft.

a	mit Freunden telefonieren	☐
b	vorm Fernseher hocken	☐
c	ein Spiel spielen auf Handy oder Computer	☐
d	sich vor unangenehmen Arbeiten drücken	☐
e	einem Hobby nachgehen, das mehr Spaß macht	☐
f	sich besuchen lassen	☐
g	planlos vor sich hin wurschteln	☐
h	nicht nein sagen können, wenn andere etwas von einem wollen	☐
i	nur unter Zeitdruck arbeiten können	☐
j	fehlende Lernmotivation	☐
k	den eigenen Lerntyp nicht kennen	☐

Diese grundlegenden Dinge führen zum Lernerfolg: Sie kennen Ihren Lerntyp, haben ein positives Selbstbewusstsein (= Hoffnung auf Erfolg), mit dem Sie erteilte Arbeitsaufträge gezielt und konsequent ausführen, so dass Sie sich Ihren Erfolg automatisch selbst erarbeiten.

2 Texte lesen und verstehen

Sie erfahren,

- wie man einen Text mit der Fünf-Schritt-Lesemethode vollständig erschließt,
- wie man einzelne Kerngedanken, Schlüsselbegriffe und Zusammenhänge markiert,
- wie man erkannte Zusammenhänge übersichtlich notiert,
- wie man konkrete Aufgaben zum Text schriftlich beantwortet.

Lesen können: Wie versteht man Texte?

Texte als Wissensspeicher

Selbstständiges Lernen erfolgt zu einem großen Teil über das Verstehen von Texten und anderen schriftlichen Dokumenten. Denn erstens wird Wissen neben dem mündlichen Erzählen vor allem schriftlich weitergegeben, z.B. über Lehrbücher. Und zweitens sind Texte dauerhafter als Gesprochenes und stehen deshalb immer wieder, auch unter neuen Fragestellungen, zur Verfügung.
Sie müssen also die Ihnen jeweils vorliegenden Texte verstehen und deren Gedanken in Ihr bereits vorhandenes Wissen einordnen also Zusammenhänge herstellen. In einem **5 Schritte umfassenden Leseprozess** eignen Sie sich Inhalt und Problematik eines Textes an. Was Sie dabei im Einzelnen zu tun haben, wird in diesem Kapitel vorgestellt und an Beispielthemen erläutert.

Bearbeiten Sie einen Text in 5 Schritten:

1. Überschrift lesen
2. Erwartungen entwickeln
3. im Text anstreichen
4. nach Zusammenhängen suchen
5. das Erkannte schriftlich ausformulieren

Gedanklich vollziehen Sie dabei nur 3 Schritte:

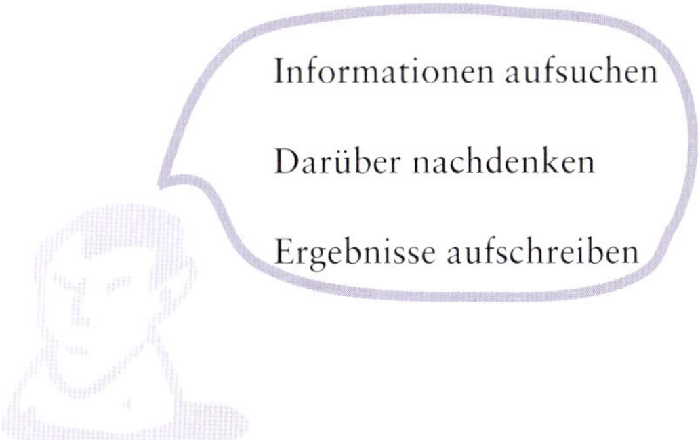

2.1 Die Fünf-Schritt-Lese-Methode

Um das Wesentliche eines Textes zu erkennen und wiederzugeben, gehen Sie in fünf Schritten vor:

Schritte	Hinweise
❶ Erste Annäherung an den Text: ↓	▪ *Um welches Thema geht es? Wie lautete die Überschrift?* ▪ *Wie ist der Text strukturiert (Absätze), gibt es Zwischenüberschriften?* ▪ *Welche Schlüsselbegriffe lassen sich beim ersten Überfliegen finden?*
❷ Benennen Sie das Problem bzw. den Hauptgedanken ↓	▪ *Notieren Sie das Problem in einem Satz.* ▪ *Entwickeln Sie daraus Fragen an den Text oder erkennen Sie die vorgegebene Aufgabenstellung.*
❸ Lesen Sie den Text genau und zwar gezielt: ↓	▪ *Markieren Sie Schlüsselbegriffe, ganze Zeilen oder Absätze, in denen Sie entsprechende Antworten (auf ❷) finden.* ▪ *Machen Sie sich Randbemerkungen.* ▪ *Suchen Sie nach Zusammenhängen, auch nach solchen, die nicht deutlich formuliert sind.*
❹ Notieren Sie die in Schritt ❸ erkannten Zusammenhänge ↓	▪ *Veranschaulichen Sie diese Zusammenhänge skizzenhaft in Stichpunkten, Schaubildern.*
❺ Fassen Sie Ihre Erkenntnisse in vollständigen Sätzen zusammen:	▪ *Beantworten Sie die Fragen bzw. die Aufgabenstellung oder* ▪ *geben Sie den Inhalt des Textes wieder.*

Aus dieser Schrittfolge ergeben sich automatisch neue Fragen:

- Wie finden Sie die Kerngedanken?
- Wie lassen sich gedanklich gefundene Zusammenhänge veranschaulichen?
- Worauf müssen Sie bei Aufgabenstellungen achten?

2.2 Ermitteln von Kerngedanken

Überschriften und Schlüsselbegriffe enthalten Kerngedanken

Kerngedanken verbergen sich in Schlüsselbegriffen oder zusammenhängenden Worten, ihnen folgen Erklärungen, Erläuterungen, Aufzählungen usw. Ein Kerngedanke enthält also immer einen neuen Gesichtspunkt im Vergleich zu dem bisher Gesagten.

Und so gehen Sie vor:

a) Markieren im Text

Jede **Überschrift** enthält den thematischen Schwerpunkt des Textes: Zu diesem Thema finden Sie im Text zahlreiche Informationen, die in einzelnen Absätzen vorgestellt und zum Teil detailliert ausgeführt werden.

z.B. ist das Jugendarbeitsschutzgesetz in vier Abschnitte untergliedert *(Allgemeine Vorschriften, Beschäftigung von Kindern, Beschäftigung von Jugendlichen, Durchführung des Gesetzes)*. Zusätzlich werden die gesetzlich festgelegten Kerngedanken durch §-Zeichen und Fettdruck hervorgehoben: *§5 Verbot der Beschäftigung von Kindern, §9 Berufsschule, §13 Tägliche Freizeit, §22 Gefährliche Arbeiten.*

Ein Absatz beginnt mit einer neuen Zeile. Dort steht ein **Schlüsselbegriff**, der den Kerngedanken enthält. Dieser wird im Verlauf des Absatzes erklärt bzw. veranschaulicht.

§9 ***Berufsschule*** *(1) Der* ***Arbeitgeber*** *hat den* ***Jugendlichen*** *für die Teilnahme am Berufsschulunterricht* ***freizustellen****. Er darf den Jugendlichen nicht beschäftigen*
1. *vor einem vor* **9 Uhr** *beginnenden Unterricht [...]*
2. *An einem Berufsschultag* **mit mehr als fünf Unterrichtsstunden** *von mindestens je 45 Minuten, einmal in der Woche [...]*

Bei genauerem Hinschauen werden **Zusammenhänge** sichtbar, z.B. durch
- übergeordnete und untergeordnete Begriffe
- Verbindungsworte wie erstens, zweitens, drittens, sie zeigen neue Informationen an
- veranschaulichende Beispiele zu einer aufgeführten Begründung

§14. ***Nachtruhe*** *(1) Jugendliche dürfen nur in der Zeit von 6 bis 20 Uhr beschäftigt werden. (2) Jugendliche über 16 Jahre dürfen*
1. *im Gaststätten-- und Schaustellergewerbe bis 22 Uhr*
2. *in mehrschichtigen Betrieben bis 23 Uhr,*
3. *in der Landwirtschaft ab 5 Uhr oder bis 21 Uhr*
4. *in Bäckereien und Konditoreien ab 5 Uhr beschäftigt werden.*

Markieren Sie bitte nur Stichworte: den Schlüsselbegriff und ein erklärendes Wort oder eine Zwischenüberschrift, sonst verlieren Sie wieder den Überblick.

b) Notizen am Textrand

Während des Durchlesens werden erste Zusammenhänge sichtbar. Diese können Sie durch Anmerkungen (Stichworte am Rand auf entsprechender Zeilenhöhe) oder graphische Symbole kennzeichnen.

Zusammenhänge kennzeichnen

- **Folgepfeile** (➔)verdeutlichen Abhängigkeiten (wenn-dann)
- (1), (2), (3) zeigen aufeinander folgende Gedanken an
- ⟷ Gedanken stehen im Widerspruch zueinander
- + positiv zu werten
- - negativ zu werten
- **Def.** Zeigt eine Definition an
- **Stichworte** am Textrand erfassen den Inhalt eines Absatzes

Beispiel: Stichworte und Folgepfeil:

§8. Zeugnis. (1) Der Ausbildende hat dem Auszubildenden bei Beendigung des Berufsausbildungsverhältnisses ein Zeugnis auszustellen. Hat der Ausbildende die Berufsausbildung nicht selbst durchgeführt, so soll auch der Ausbilder das Zeugnis unterschreiben.

Recht auf Zeugnis

↓

(2) Das Zeugnis muss Angaben enthalten über Art, Dauer und Ziel der Berufsausbildung sowie über die erworbenen Fertigkeiten und Kenntnisse des Auszubildenden. Auf Verlangen des Auszubildenden sind auch Angaben über Führung, Leistung und besondere fachliche Fähigkeiten aufzunehmen.

Angaben zu: Art, Dauer, Ziel, erworbene Fertigkeiten und Kenntnisse, ggf. Führung, besondere Leistung

2.3 Erkannte Zusammenhänge übersichtlich veranschaulichen

Zusammenhänge schriftlich veranschaulichen

Sobald Sie den Text genauer gelesen und markiert haben, gewinnen Sie ein „Bild“ von der Gesamtheit der vermittelten Informationen: Sie sehen die gedanklichen Zusammenhänge vor sich. Notieren Sie diese übersichtlich, z.B. in folgenden Formen (Beispiele finden Sie im Anschluss):

a) Der Stichwortzettel enthält

- zusammenhängende Gedanken, Behauptungen und Aussagen des Textes in eigenen Worten und orientiert sich meist an der Aufgabenstellung.
- Fachbegriffe, Definitionen, Erklärungen, wichtige Aussagen, die wortwörtlich (als Zitat) aus dem Text übernommen werden. Achten Sie darauf, dass beim Zitieren der gedankliche Zusammenhang erhalten bleibt, mitunter müssen Sie dafür ganze Sätze abschreiben. (Achtung: Zitiertechnik anwenden, siehe S. 29 ff)

b) Die Tabelle

- eignet sich für Vergleiche (Gemeinsamkeiten und Unterschieden), sie werden häufig in Stichworten notiert.
- besteht aus einem Tabellenkopf (Zeilen in Querrichtung) und dazugehörigen Spalten (in Längsrichtung).

c) Der Strukturbaum

- zeigt mehrere über- und untergeordnete Begriffe und Sachverhalte an.

d) Die Mind-map

- veranschaulicht bildlich das inhaltliche Umfeld eines Begriffes oder Sachverhaltes:
- besteht aus zentral eingerahmtem Schlüsselbegriff, von diesem gehen strahlenförmig weitere Schlüsselbegriffe ab, die gleichberechtigt und unsystematisch nebeneinander stehen.
- Weiterführende Gedanken werden jeweils zweigartig angefügt.

e) Das Schaubild

- zeigt Zusammenhänge zwischen den Schlüsselbegriffen mit Hilfe graphischer Symbole.

Beispiel: Stichwortzettel, Thema Jugendarbeitsschutzgesetz

Das Jugendarbeitsschutzgesetz „gilt für die Beschäftigung von Personen, die noch nicht 18 Jahre alt sind,
1. in der Berufsausbildung [...]
4. in einem der Berufsausbildung ähnlichen Ausbildungsverhältnis [...]
Kind im Sinne dieses Gesetzes ist, wer noch nicht 15 Jahre alt ist. [...] Jugendlicher im Sinne dieses Gesetzes ist, wer 15, aber noch nicht 18 Jahre alt ist."

→

Unter das Jugendarbeitsschutzgesetz fallen alle in der Berufsausbildung befindlichen Jugendlichen zwischen 15 und 18 Jahren.

Oder

Jugendarbeitsschutzgesetz betrifft:
- *Jugendliche: 15-18 Jahre*
- *Kinder: unter 15 Jahren alt*

Beispiel: Tabelle, Thema Urlaub für Jugendliche

§19 **Urlaub** für Jugendliche gemäß Jugendarbeitsschutzgesetz

Anzahl Werktage pro Kalenderjahr	*Alter der Jugendlichen*	**Kopf**
30	*Noch nicht 16 Jahre*	**Zeile**
27	*Noch nicht 17 Jahre*	
25	*Noch nicht 18 Jahre*	
Spalten	**Spalten**	

Beispiel: Strukturbaum, Thema Kündigungsfristen

Beispiel: Mind-map, Thema Rauchen

Beispiel: Schaubild, Thema Rauchen

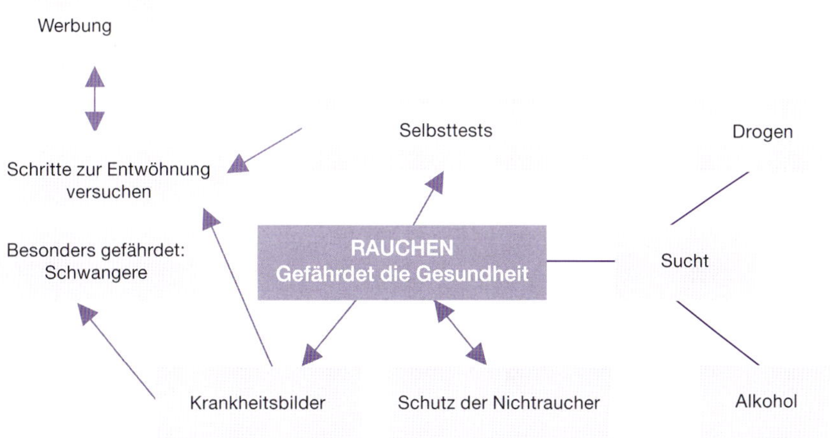

2.4 Die gewonnenen Erkenntnisse in Sätzen ausformulieren

Textverständnis in Sätzen aufschreiben: Aufgabe beachten!

Dieser letzte Schritt erweist sich häufig als der anspruchsvollste, weil Sie die notierten Stichworte und graphischen Symbole zu Sätzen umformulieren müssen. Nur daran sieht der Lehrer oder Ihr Leser, dass Sie das Gelesene wirklich verstanden haben.

a) häufig gestellte Aufgaben

Die häufigsten Arbeitsaufgaben zur Textbearbeitung lauten:	Und das sollen Sie tun:
Benennen Sie ...	⇨ Stichworte aufzählen
Beschreiben Sie ...	⇨ Merkmale (von Gegenständen, Personen etc.) geordnet aufzählen
Definieren Sie ...	⇨ Merkmale einem Begriff zuordnen
Erklären Sie ...	⇨ in Sätzen definieren
Erläutern Sie ...	⇨ am Beispiel erklären
Vergleichen Sie ...	⇨ Gemeinsamkeiten und Unterschiede nennen
Analysieren Sie ...	⇨ den Text unter einer bestimmten Fragestellung durchsuchen

Beispiel: Thema Jugendarbeitsschutzgesetz (JaschG)

Aufgaben:	Antworten:
Definieren Sie den Begriff Jugendlicher.	*Ein Jugendlicher ist laut Gesetz derjenige, der zwischen 15 und 18 Jahren alt ist.*
Erklären Sie den Unterschied zwischen einem Jugendlichen und einem Kind laut JaschG.	*Als Jugendlicher gilt ein junger Mensch zwischen 15 und 18 Jahren, während als ein Kind alle Menschen unter 15 Jahren gelten.*
Vergleichen Sie die benannten Urlaubszeiten.	*Jugendliche unterschiedlichen Alters erhalten unterschiedlich viel Tage Urlaub pro Kalenderjahr: unter 16jährige erhalten 30 Tage, unter 17jährige nur 27 Tage und unter 18jährige Jugendliche erhalten nur noch 25 Tage Urlaub pro Kalenderjahr.*
Benennen Sie die Dauer Ihres Jahresurlaubes.	*Da ich 17 Jahre alt bin, steht mir ein Jahresurlaub von 27 Werktagen zu.*
Erläutern Sie, was man unter gefährlichen Arbeiten laut JaschG zu verstehen hat.	*Unter gefährlichen Arbeiten sind Arbeiten gemeint, die die eigene Gesundheit beeinträchtigen können. Durch übermäßigen Lärm z.B. kann man schwerhörig werden, eine Überdosis Strahlung kann Krebs erregend wirken.*

b) Den Inhalt eines Textes wiedergeben

Jetzt analysieren Sie den Text nicht in Hinblick auf eine der oben genannten Aufgabenstellungen, sondern sehen den Text als Ganzes und erfassen seinen kompletten Inhalt:

- Im 1. Satz nennen Sie den Titel, Autor, das Datum, das Thema bzw. die Problemstellung.
- In den folgenden Sätzen stellen Sie das Problem durch gezielte Wiedergabe einzelner Sachverhalte überblicksweise dar.
- In einem abschließenden Satz können Sie Ihre eigene Meinung sagen oder einen sachlichen Kommentar zum Problem notieren (Sie können diesen Satz auch weglassen).

Beispiel: Inhaltsangabe, Thema: Jugendarbeitsschutzgesetz

Das Jugendarbeitsschutzgesetz enthält wichtige Regelungen für Jugendliche zwischen 15 und 18 Jahren. Damit soll deren Arbeitskraft geschützt und durch Verbote gesundheitliche Gefährdungen vor Vollendung des 18. Lebensjahres ausgeschlossen werden.
Wichtige Angaben betreffen die Dauer der Arbeits- und Pausenzeit, Nachtruhe, der Wochenendarbeit und des Jahresurlaubs. Ferner werden verbotene Arbeiten aufgelistet, wie z.B. Akkordarbeit. Auch die Freistellung zum Besuch der Berufsschule ist gesetzlich abgesichert.
Allerdings kommt es in der Praxis immer wieder vor, dass zur Bewältigung des betrieblichen Arbeitspensums die gesetzlichen Bestimmungen teilweise unterlaufen werden (z.B. die Arbeitszeit), solange der Azubi diese seine Rechte als Jugendlicher nicht konsequent einfordert.

Jeden Text lesen Sie unter einer bestimmten Aufgabenstellung: Entweder erfassen Sie die Informationen des gesamten Textes (in Form einer Inhaltsangabe), oder Sie suchen nur nach einer bestimmten Teilinformation (Erklärung, Beschreibung, Darstellung etc.) und beantworten damit eine konkret gestellte Aufgabe.

3 Informationen beschaffen und dokumentieren

Sie erfahren,
- wie Sie die nötigen Informationen in Büchern finden,
- wie Sie wichtige Bücher in Bibliotheken finden,
- wie Sie aus dem Internet geeignete Texte herausfinden,
- wie Sie Ihre Fundorte bzw. Quellen fachgerecht angeben.

Selbstständiger Wissenserwerb ist nicht denkbar ohne die Suche nach Quellen, d.h. nach entsprechender Fachliteratur. Im Zeitalter der Masseninformation stehen Ihnen dafür Bücher, Zeitschriften, Internetartikel oder aktuelle Zeitungsbeiträge zur Verfügung. Die Kunst besteht darin, aus dieser scheinbar unüberschaubaren Fülle an Wissen das für Ihre Fragestellung Interessante herauszufiltern. Dieses Kapitel geht deshalb der Frage nach, wie Sie sowohl in Büchern als auch im Internet fündig werden und wie Sie gleichzeitig Ihre Fundorte, also Ihre Quellen, fachlich korrekt angeben – und damit anderen das Nachlesen ermöglichen.

3.1 Die Quelle Fachbuch

Wissensquelle Fachbuch

Ihr Fachbuch wird im Verlauf Ihrer Berufsausbildung zum unentbehrlichen Nachschlagewerk, denn es enthält das zu erwerbende fachliche Grundwissen. Sie haben zwei Möglichkeiten, schnell das Richtige zu finden: über das Inhaltsverzeichnis und über das Stichwortverzeichnis.

a) Suchen im Inhaltsverzeichnis

In jedem Fachbuch finden Sie nach dem Deckblatt ein Inhaltsverzeichnis. Hier sind die Überschriften und Zwischenüberschriften zu den einzelnen Themenkomplexen aufgelistet und mit Seitenangaben versehen.
- Möchten Sie sich z.B. über nötige Inhalte Ihres Berufsausbildungsvertrages informieren, dann finden Sie im Inhaltsverzeichnis eines WISO-Buches, z.B. *Wirtschaftskunde von Nuding / Haller die fettgedruckte Überschrift 2* ***Berufsausbildungsvertrag*** mit der Seitenangabe 15.
- Wenn Sie jene Seite aufschlagen, finden Sie Angaben zum Berufsausbildungsvertrag aufgelistet (Beispiel siehe folgende Seite).

b) Suchen im Stichwortverzeichnis

Mitunter werden Sie schneller fündig, wenn Sie einen ganz bestimmten Schlüsselbegriff suchen, der im Inhaltsverzeichnis fehlt. Schlagen Sie also am Schluss des Buches im so genannten Stichwortverzeichnis oder Sachwortverzeichnis nach. Dieses Verzeichnis ist alphabetisch angeordnet.

- In diesem Verzeichnis finden Sie z.B. das Stichwort *Arbeitsvertrag* mit der Seite 244 ff. (d.h.: beginnend Seite 244, weitere Informationen auf den folgenden Seiten).
- Wenn Sie nun diese Seiten aufschlagen, dann finden Sie Angaben zum Arbeitsvertrag, zu Ihren Rechten und Pflichten und den gesetzlichen Fristen, in denen der Arbeitsvertrag gültig sein kann.

Beispiel: Arbeit mit dem Inhaltsverzeichnis

Suche über Inhaltverzeichnis

↓

Diese **Mindestangaben** muss der Berufsausbildungsvertrag nach § 4 BBiG enthalten:

1. Art, sachliche und zeitliche Gliederung sowie Ziel der Berufsausbildung
2. Beginn und Dauer der Berufsausbildung – mindestens 2, in der Regel 3 Jahre
3. Ausbildungsmaßnahmen außerhalb der Ausbildungsstätte
4. Dauer der regelmäßigen täglichen Ausbildungszeit
5. Dauer der Probezeit – mindestens 1 Monat, höchstens 3 Monate
6. Zahlungstermine und Höhe der Ausbildungsvergütung
7. Dauer des Urlaubs
8. Kündigungsvoraussetzungen

Beispiel: Arbeit mit dem Stichwortverzeichnis

Suche über Stichwortverzeichnis

↓

Bürgerliches Gesetzbuch (BGB)

§ 611. Wesen des Dienstvertrages.
(1) Durch den Dienstvertrag wird derjenige, welcher Dienste zusagt, zur Leistung der versprochenen Dienste, der andere Teil zur Gewährung der vereinbarten Vergütung verpflichtet.
(2) Gegenstand des Dienstvertrages können Dienste jeder Art sein.

Die Voraussetzung für jedes **Arbeitsverhältnis** ist der **Arbeitsvertrag**. Er ist die wichtigste Form des Dienstvertrages. Abgeschlossen wird ein Arbeitsvertrag zwischen **Arbeitnehmer** und **Arbeitgeber**. Genauer gesagt: Er entsteht durch zwei übereinstimmende Willenserklärungen, nämlich den Antrag einer Seite und die Annahme der anderen Seite. Durch den Vertragsabschluss verpflichtet sich der Arbeitnehmer zur **Arbeitsleistung** unter der Leitung des Arbeitgebers. Von diesem erhält er dafür eine **Vergütung**, den Lohn bzw. das Gehalt.

3.2 Quelle Bibliothek

Wissensquelle Bibliothek

Geht Ihr Thema inhaltlich in die Tiefe, also über das Grundwissen Ihres Fachbuches hinaus, dann müssen Sie spezielle Fachbücher zur Hand nehmen. Diese finden Sie im Buchladen bzw. in der Bibliothek.

- Schauen Sie, ob Ihre Schule eine Bibliothek besitzt, vielleicht werden Sie dort schon fündig. Jede größere Stadt besitzt mindestens eine öffentliche Bibliothek, Großstädte besitzen mehrere Bibliotheken, die zum Teil mit Spezialwissen ausgestattet sind.
- Jede Bibliothek ist nach Themengebieten organisiert, z.B. Kinder- und Jugendliteratur, Belletristik, Reiseliteratur, Musik, Literatur, Psychologie, Recht und Gesetz usw.

Hier gibt es drei Wege, auf denen Sie Ihr gesuchtes Buch finden: Sie fragen das Personal oder suchen selbst im alphabetischen oder systematischen Katalog, oder über die moderne Version: per Online-Katalog.

a) Das Personal fragen

- Sagen Sie einen Schlüsselbegriff oder einen Buchtitel
- Sie erhalten entweder eine genaue Auskunft, wo Sie das Buch finden, oder
- das Personal geht mit Ihnen zielgerichtet zum Standort des gesuchten Buches.

b) Suchen im alphabetischen Katalog

Hat Ihr Fachlehrer einen konkreten Titel benannt, z.B. *Wiso kompakt* von J. Moos, dann

Suche nach Autoren

- gehen Sie an den alphabetischen Katalog, und
- schlagen Sie unter dem Nachnamen des Autors nach. Führt die Bibliothek dieses Buch, dann finden Sie eine Kartei mit einer kompletten Literaturangabe:
- Oben rechts in der Ecke dieser Karteikarte steht eine Kombination aus Buchstaben und Zahlen. Das ist die Signatur. Notieren oder merken Sie sich diese.

↓

- Dann gehen Sie an das Regal, wo diese Signatur zu finden ist. Sie steht auf dem Buchrücken Ihres gesuchten Buches.
- Sollten Sie diese Signatur, also Ihr Buch dort nicht finden, könnte es ausgeliehen oder aber verstellt sein. Im Notfall das Personal befragen.

c) Suchen im systematischen Katalog

Suche nach Themengebieten

Haben Sie ein Thema zu bearbeiten ohne jede Literaturempfehlung, dann überlegen Sie sich zum Thema gehörende Schlüsselbegriffe und suchen diese im systematischen Katalog auf:

- Unter den betreffenden Stichworten finden Sie komplette Literaturangaben mit dazugehöriger Signatur.
- Suchen Sie das Buch heraus, schlagen Sie im Inhaltsverzeichnis nach und prüfen Sie, ob dieses Buch tatsächlich die Informationen bereit stellt, an denen Sie in Abhängigkeit von Ihrer Aufgabe interessiert sind.

d) Suchen im Online-Katalog

Je moderner eine Bibliothek ausgestattet ist, desto häufiger ersetzt sie die alphabetischen und systematischen Zettelkataloge durch einen elektronischen Katalog (Computer). Dieser hat auch Zugriff auf andere Bibliotheken.

- Geben Sie Stichworte ein: den Autor oder den Titel oder ein Sachgebiet oder eine Jahreszahl oder einen Erscheinungsort oder eine Kombination aus diesen Möglichkeiten:
- Sie erhalten eine Signatur, unter der Sie Ihr gesuchtes Buch im Bücherregal finden können.
- Im Zweifelsfall befragen Sie bitte das Personal.

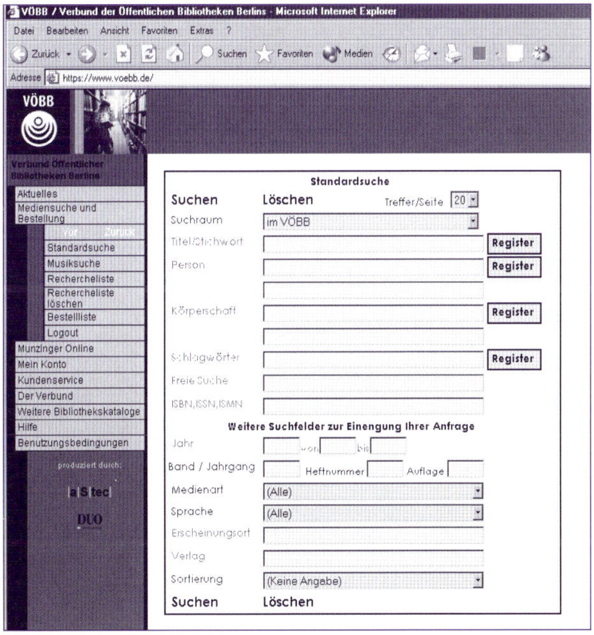

Sie finden jedes Buch und jeden Fachartikel mit Hilfe der systematischen und alphabetischen Kataloge, entweder über Zettelkatalog oder online. Sie benötigen als Anhaltspunkt den Namen des Autors / den Titel des Werkes / Erscheinungsort und Jahr / Zeitschrift mit dem Jahrgang, in der ein Artikel veröffentlicht wurde. Im Zweifelsfall steht das Personal für Rückfragen gern zur Verfügung.

3.3 Quelle Internet

Einige wichtige Begriffe zur Benutzung des Internet:
Server: *beliebiger Rechner, der seine Daten zur Verfügung stellt*
Suchmaschine: *Programme, die den Inhalt des Internets durchsuchen, Ergebnis kann man nach Stichworten geordnet abfragen.*
Hypertext: *(gefundener) Text im Internet mit Verknüpfungen zu anderen Texten.*
Hyperlink *(kurz: Link, engl. für „Verknüpfung"): Schlüsselbegriff in einem Hypertext, der zu einem anderen Hypertext führt.*
Surfen: *Bewegung zwischen Hypertexten durch Anklicken von Hyperlinks.*
Downloaden: *Herunterladen eines Hypertextes auf den eigenen Rechner außerhalb des Internets.*

Das Internet ist eine Ansammlung von Texten auf elektronischer Basis, die durch wenige technische Handgriffe geordnet und vom Leser auf verschiedenem Wege aufgesucht werden können. Nahezu jeder kann einen solchen Text ins Internet stellen. Aber Vorsicht: Nicht alles, was im Internet publiziert wird, hat auch Wahrheitsgehalt! Sie haben grundsätzlich zwei Wege, seriöse Texte zu finden:

Sie geben eine konkrete Internet-Adresse ein und rufen diese auf, z.B. http://www.netdoktor.de/topic/zyban/rauchentzug_durchhaltetipps.htm	Oder Sie gehen gezielt auf Suche mithilfe von Suchmaschinen.

3.3.1 Suchen im Netz

Einsatz von Suchmaschinen

Nach Schlüsselbegriffen suchen

Als Suchmaschinen haben sich z.B. Google und Alta Vista, aber auch Lycos und MetaGer bewährt. Sie geben Ihre Schlüsselbegriffe ein z.B. *rauchen* und schauen sich dann die gelandeten Treffer an.

HINWEIS: Reduzieren Sie die Anzahl von Treffern:
Je mehr Suchbegriffe Sie eingeben, desto weniger Dokumente finden Sie, in denen alle diese Suchbegriffe gleichzeitig enthalten sind. (Beispiel siehe S. 28)

Links auswählen

Auf dem Bildschirm erscheinen eine Reihe von „Überschriften", sog. **Links**, aufgelistet wie in einem Inhaltsverzeichnis. Diese müssen Sie mit der Maus anklicken, um den dahinter liegenden Text einsehen zu können.

Surfen im Internet

- Unter Umständen enthält auch dieser Text interessante Links: Gehen Sie mit der Maus drauf (diese verwandelt sich dabei in eine Hand), klicken Sie erneut an – und schon öffnet sich der nächste Text (d.h. Sie surfen von Text zu Text).
- Mit den Pfeilen ⇦⇨ oben in Ihrem Browsermenü können Sie sich zwischen den bereits gefundenen Texten bewegen, der Computer zeigt jeweils die Reihenfolge an, in der sie geöffnet wurden.

Über Links die richtige Seite finden

Downloaden oder Ausdrucken

- Entscheiden Sie anhand der Überschrift und dem Überfliegen der Schlüsselbegriffe, ob der jeweils geöffnete Text wichtige Informationen enthält.
- Laden Sie diese herunter (mit dem Befehl „Speichern unter").
- Oder Sie drucken sich die Seiten aus.

Texte sichern

3.3.2 Bearbeiten und Quellen angeben

Den gefundenen Text bearbeiten

Haben Sie den Text gesichert, dann lesen Sie ihn jetzt nach der 5-Schritt Lesemethode (siehe S. 13 f).

- Dabei sollten Sie wichtige Gedanken stichwortartig notieren,
- damit können Sie die vielen Informationen auch vergleichend nebeneinander legen (die auf dem Bildschirm nur nacheinander sichtbar werden),
- und die Zusammenhänge zwischen ihnen besser erkennen – immer in Bezug auf Ihre Aufgabenstellung.

Den Text verstehen

Achtung: Die Quellenangabe nicht vergessen

Jede Internetseite hat eine Adresse (URL), unter der man diese Seite schnell wiederfindet. Z.B. *www.rauchen.de*
Geben Sie diese Adresse komplett an, nur dann gilt Ihre Recherche im Netz als seriös.

Im Internet finden Sie Quellen entweder über eine konkrete Adresse oder über das Suchen: Suchmaschine – Schlüsselbegriff – Links auswählen – Text überfliegen – herunterladen oder ausdrucken.

Beispiel für Suchtechniken:

Technik	Vorgehen
Plus-Suche (AND-, OR-, NOT-Abfrage)	Sie geben mehrere Stichwörter ein, die jeweils – ohne Leertaste! – mit einem Pluszeichen versehen sind. Nach der Formel +x+y erhalten Sie dann nur diejenigen Dokumente zum Thema x, die gleichzeitig auch das Stichwort y enthalten oder ausschließen: *Alkohol oder rauchen, Alkohol und rauchen, Alkohol nicht rauchen*
Sternchen-Suche	Sie geben einen Begriff ein und setzen – ohne Leertaste! – ein Sternchen dahinter. Damit erhalten Sie Worte mit Zusammensetzungen, z.B. *Rauch**
Gänsefüßchen-Suche (Phrasen-Suche)	Suchen Sie eine bestimmte Wortfolge, dann geben Sie diese in Anführungszeichen ein: „*er kam, sah und siegte*“
Schlüsselbegriffe	Lassen Sie systematisch nach Schlüsselbegriffen suchen, diese sind in so genannten Katalogen geordnet und reduzieren damit die Trefferzahl zu einem bestimmten Thema.

Beispiel für das Suchen zum Thema Rauchen:

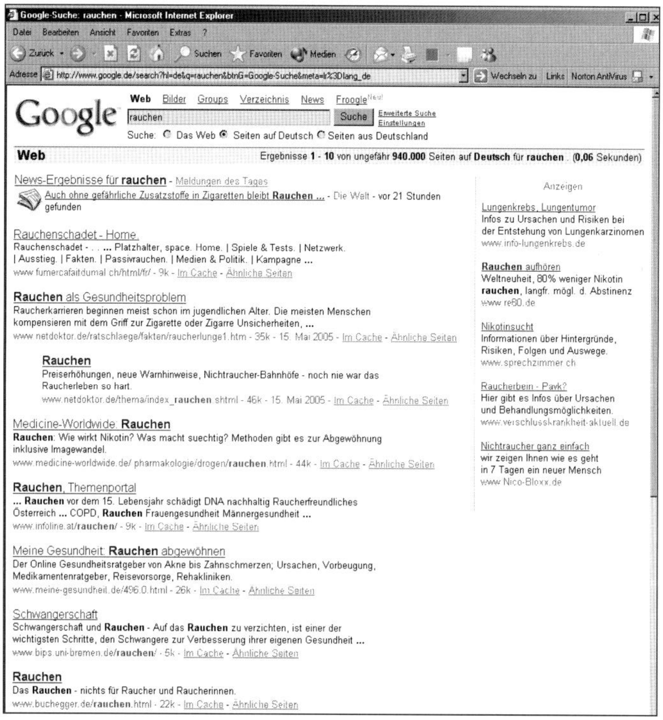

Beispiel: In diesem Beispiel erhalten Sie eine erste Übersicht über die Zwischenüberschriften, z.B. Motivation aufbauen, Stress vermeiden, Rituale ersetzen das Rauchen

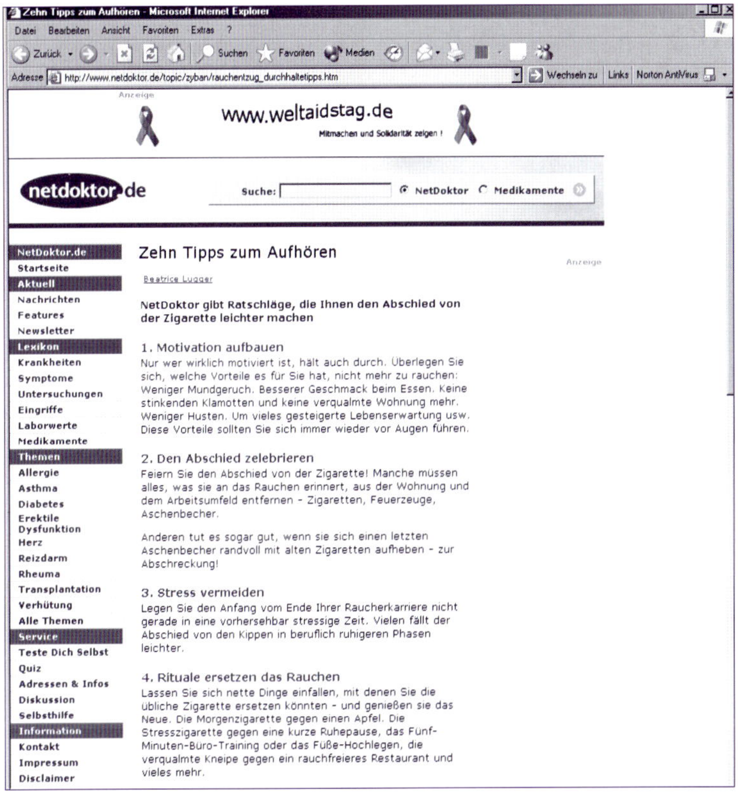

3.4 Quellen nennen und zitieren

Quellen zu nennen und zu zitieren ist im Prozess der Wissensaneignung eine nahezu selbstverständliche methodische Routine. Als Quellen bezeichnet man dabei jegliche Texte, aus denen Sie sich selbstständig Wissen angeeignet haben, in einem Schülervortrag, einer Projektarbeit oder einer Facharbeit (aber auch in einer Erörterung müssen Sie diese angeben). Damit zeigen Sie dem Leser oder dem Zuhörer, dass Sie sich zur Bearbeitung der Aufgabenstellung sachkundig gemacht haben. Zwei Dinge müssen Sie folglich dazu wissen:

Woraus besteht die Quellenangabe?

In welchen Schritten erstelle ich Sie?

3.4.1 Regeln für die Quellenangabe

Folgende Angaben sind für Fachbücher und -artikel üblich:

- Autor, mit Zu- und Vorname, ggf. Herausgebern (Hg.)
- Titel, ggf. mit Untertitel
- Auflage
- Erscheinungsort
- Erscheinungsjahr
- Bei Zeitschriften: Jahrgang und Seitenzahl
- Bei Zeitungsartikeln: Datum und Seite

Wo stehen diese Angaben?

- Sie schlagen Ihr genutztes Buch auf, legen es so vor sich hin, dass die Titelseite vor Ihnen liegt und schreiben die nötigen Angaben in der dort genannten Reihenfolge heraus.
- Erscheinungsjahr und -ort finden Sie in der Regel auf der Titelseite.

Um Platz zu sparen, schreiben Sie bitte sämtliche Angaben nebeneinander in folgender Reihenfolge:

- Autor(en): Titel. Untertitel. Auflage, Ort Jahr.
- Autor(en): Titel. In: Name der Zeitschrift, Jahrgang, Seitenzahl.
- Autor(en) (Hg.): Titel. Untertitel. Auflage, Ort Jahr.

Beispiel:

Nuding, Helmut: Prüfungsbuch Wirtschaftskunde. Stuttgart 2004.
Mustermann, Heike: Gesund kochen. In: Zeitschrift für das Gastgewerbe. 8/2005, S. 12–24

Beispiel zum Ermitteln einer Quellenangabe

Prüfungsbuch Wirtschaftskunde

Fragen und Antworten

- für die Vorbereitung auf die Zwischenprüfung und Abschlussprüfung
- zur Wiederholung
- zum Nachschlagen

Helmut Nuding

10., neu bearbeitete Auflage

Best.-Nr. 1280
Holland + Josenhans Verlag Stuttgart

Das Prüfungsbuch Wirtschaftskunde enthält des Öfteren Berufsbezeichnungen und Gruppenbezeichnungen nur in der männlichen Form. Wir bitten, diese sinngemäß als Doppelbezeichnungen wie z. B. Kunde/Kundin, Käuferin/Käufer usw. zu interpretieren und anzuwenden. Dem Anteil der weiblichen Angehörigen in Beruf und Bevölkerung soll auf diese Weise entsprochen werden, gleichzeitig jedoch soll die Übersichtlichkeit nicht zusätzlich beeinträchtigt und der Lesefluss nicht unnötig gehemmt werden.

Dieses Werk folgt der reformierten Rechtschreibung und Zeichensetzung.

Dieses Buch ist auf Papier gedruckt, das aus 100 % chlorfrei gebleichten Faserstoffen hergestellt wurde.

10., neu bearbeitete Auflage 2004

Alle Rechte vorbehalten. Das Werk und seine Teile sind urheberrechtlich geschützt. Jede Verwertung in anderen als den gesetzlich zugelassenen Fällen bedarf deshalb der vorherigen schriftlichen Einwilligung des Verlages.

Hinweis zu § 52 a UrhG: Weder das Werk noch seine Teile dürfen ohne eine solche Einwilligung eingescannt und in ein Netzwerk eingestellt werden. Dies gilt auch für Intranets von Schulen und sonstigen Bildungseinrichtungen.

© Holland + Josenhans GmbH & Co., Postfach 10 23 52, 70019 Stuttgart, 2004,
Tel.: 07 11/6 14 39 20, Fax: 07 11/6 14 39 22, E-Mail: verlag@huj.03.net,
Internet: www.holland-josenhans.de

Gestaltung: Ursula Thum, 70599 Stuttgart

Umschlagfoto: Premium Stock Photography GmbH, Düsseldorf

Abbildungen: Globus Infografik GmbH, Hamburg, S. 122; Eckhart Munz, Stuttgart, S. 188; Zahlenbilder Erich Schmidt Verlag, Berlin, S. 198.
Alle übrigen Zeichnungen stammen von Hans-Hermann Kropf, Syrgenstein

Satz und Druck: Oertel + Spörer Druck- und Medien-GmbH + Co., 72585 Riederich

Verarbeitung: Industrie- und Verlagsbuchbinderei Dollinger GmbH, 72555 Metzingen

ISBN 3-7782-1280-X

Autor: Nuding, Helmut
Titel: Prüfungsbuch Wirtschaftskunde
Auflage: 10
Erscheinungsort: Stuttgart
Erscheinungsjahr: 2004
Verlag: Holland + Josenhans

Die Internetadresse (auch URL genannt) entnehmen Sie dem Fenster auf Ihrem Bildschirm.

Beispiel:
http://www.netdoktor.de/topic/zyban/rauchentzug_durchhaltetipps.htm, 20.04.2005

Listen Sie diese Angaben, z.B. im Rahmen eines Schülervortrages oder einer Fach- oder Projektarbeit, nach Autoren alphabetisch geordnet auf, trennen Sie Angaben zu Printmedien (Buch, Zeitschrift) von denen aus dem Internet.

3.4.2 Zitiertechnik

Zitieren ist die wörtliche Übernahme (=Abschreiben) von Wortgruppen und Sätzen (mitunter auch ganzen Abschnitten) aus dem Text eines anderen Autors. Kennzeichnung ist Pflicht: durch Anführungsstriche und Quellenangaben. Die „Gänsefüßchen" grenzen diese Worte von den eigenen verwendeten Worten ab.

a) Schrittfolge zur Kennzeichnung von Zitaten

Angaben zur Identifizierung

- Nach den Abführungszeichen öffnen Sie die Klammer.
- Schreiben Sie den Nachnamen des Autors/Herausgebers + Komma
- Notieren Sie die Seitenzahl (S. xxx), von wo Sie abgeschrieben haben.
- Schließen Sie die Klammer
- Fahren Sie im Schreiben fort.
- Notieren Sie die komplette Literaturangabe zu diesem Buch im Literaturverzeichnis.

Beispiel: *Der Berufsausbildungsvertrag muss als Mindestangaben die „Art, sachliche und zeitliche Gliederung sowie [das] Ziel der Berufsausbildung [...]" (Nuding / Haller, S.15) enthalten.*

b) Zitate an den eigenen Text anpassen

Das Abgeschriebene „passend" machen

Da Sie zitieren, reißen Sie Worte oftmals aus ihrem Satzzusammenhang. ACHTUNG FALLE. Jedes Zitat gehört in einen Satz hinein:

- Betten Sie die zitierte Wortgruppe in Ihren eigenen Satz hinein.
- Achten Sie auf die Grammatik (Deklination) der Wortgruppe. Verändern Sie die Grammatik so, dass sie mit Ihrem Satz übereinstimmt (siehe Beispiel oben).
- Setzen Sie das Veränderte bzw. Ausgetauschte in [eckige Klammern].

Manchmal „stört" auch etwas in einem Zitat: Ein paar Worte sind zuviel, damit wird das Zitat zu lang oder verändert gar Ihren beabsichtigten Sinn.

- Streichen Sie die betreffenden Worte.
- Zeigen Sie diese Auslassungen durch drei eckig eingeklammerte Pünktchen an: [...]
  „Unsere Gäste wollen sich bei uns wohlfühlen [...] Ihre gute Arbeitsleistung im Team sichert die [entsprechende] Qualität [des Hauses]."

c) Wann sind Zitate sinnvoll?

Lohnt sich das Abschreiben?

Man zitiert,

- weil man es selbst nicht besser sagen könnte und dieser Gedanke wichtig ist,
- die wörtliche Rede des Gesprächspartners, damit verleiht man einem Gedanken Glaubwürdigkeit,
- um einen Gedanken zu erklären oder zu veranschaulichen.

Sie müssen also so etwas wie ein Gespür bekommen für die Momente, an denen Sie zitieren sollten.

Beispiele für sinnvolle Zitate

a) **Sie können es selbst nicht besser sagen.** Diese Zitate werden auch einzeln stehend noch immer richtig verstanden.
„Ich starte eigentlich immer mit dem Ziel, ein Rennen zu gewinnen, egal ob es möglich oder unmöglich ist."
„Für mich, für meine Laufbahn ist es wichtig, dass es stufenweise nach oben geht. Ich habe nicht gern ein Jahr alles und im nächsten Jahr nichts."

b) **Zitate als Erklärung des Selbstgesagten:**
Es gibt verschiedene Beherbergungsbetriebe, das Restaurant, das Hotel, Gasthöfe u.a. Das Restaurant ist ein „Bewirtungsbetrieb, der seinen Gästen eine größere Auswahl von Speisen und Getränken anbietet". Das Hotel dagegen verfügt u.a. „über eine höhere Bettenzahl" und „eine anspruchsvollere Ausstattung der Zimmer". Die Gasthöfe dagegen sind „in vorzugsweise ländlichen Gegenden angesiedelt". (Fachkraft 13ff.)

c) **Zitate als Veranschaulichung des Selbstgesagten**
Ein junger Radfahrer, der gewonnen hat, wurde nach den Geheimnissen seines Erfolges und den möglichen Perspektiven befragt. Wichtig ist ihm täglich ein Ziel vor den Augen zu haben: *„Ich starte eigentlich immer mit dem Ziel, ein Rennen zu gewinnen, egal ob es möglich oder unmöglich ist."* Mit Blick auf seine berufliche Laufbahn steht für ihn kontinuierliches Arbeiten an erster Stelle: *„Für mich, für meine Laufbahn ist es wichtig, dass es stufenweise nach oben geht. Ich habe nicht gern ein Jahr alles und im nächsten Jahr nichts."* Dazu gehört für ihn auch *„den Tag so zu gestalten, dass ich etwas für später gewinnen kann."*

Zitieren ist das legale Mittel, um abschreiben zu dürfen: Jedes Zitat muss in einen Satz eingebettet und als Zitat angezeigt werden. Sobald Sie das Zitat verändern, notieren Sie diese Veränderung in eckigen Klammern. Jedes Zitat benötigt eine Quellenangabe.

d) Indirekte Wiedergabe von Zitaten

Sie können Gedanken anderer Autoren auch indirekt wiedergeben.

- Sie umschreiben den Gedanken: Der Autor ist xyz *besonders wichtig.*
- Sie geben den Gedanken mit eigenen Worten wieder: Der Autor *behauptet, dass* xyz *besonders wichtig ist.*
- Sie distanzieren sich von dem Text mit der indirekten Rede, unter Verwendung des Konjunktivs I. *Der Autor behauptet, dass* xyz *wichtig sei.*

Der Konjunktiv I wird aus dem Präsens Indikativ gebildet: *Mein Ausbilder behauptet, ich höre nicht zu.*

- Wenn sich beide Formen gleichen, tauscht man den Konjunktiv I gegen den Konjunktiv II aus. Der wird aus dem Präteritum Indikativ gebildet: *Mein Ausbilder behauptet, ich hörte nicht zu.*
- Klingt das immer noch komisch, darf man mit „würde" umschreiben: *Mein Ausbilder behauptet, ich würde nicht zuhören.*

Indikativ	**Konjunktiv**
Es sind viele Gäste da.	Er behauptet, es seien viele Gäste da.
Es waren viele Gäste da.	Er behauptet, es seien viele Gäste da gewesen.

4 Miteinander reden

Sie erfahren,

- wie Sie ein Gespräch erfolgreich führen können,
- wie Sie Missverständnisse erkennen und klären können,
- wie Sie Konflikte lösen können,
- wie Sie durch geschicktes Argumentieren Ihren Gesprächspartner von Ihrer Meinung überzeugen.

Über die Schwierigkeiten, miteinander zu reden

„*Ich hatte große Hoffnungen in Sie gesetzt*" - kommt Ihnen dieser Spruch bekannt vor? Wer sagt das? Vermutlich ein Vorgesetzter, weil Sie in der Höflichkeitsform „Sie" angeredet werden. Genauso könnte der Spruch auch von einem Mitschüler kommen, abgewandelt in Schülersprache: „*Warum hast du denn das nicht gemacht?*" Wie gehen Sie mit solchen Fragen oder versteckten Vorwürfen um – ohne sich dabei gegenseitig „auszubremsen"?

Oder anders gesagt: Selbstorganisiertes Lernen findet auch in gemeinsamen Gesprächen statt:

- Über den Arbeitsprozess im Rahmen von Gruppen- oder Projektarbeit,
- über mögliche Hilfestellungen beim Aufsuchen von Literatur und
- über unverstandenes Wissen in Form eines klärenden Gesprächs mit dem Lehrer oder Ausbilder.

Jedes Gespräch verläuft allerdings individuell und einmalig, zu einer bestimmten Zeit an einem bestimmten Ort. Je unterschiedlicher Ihre Erfahrungen dabei sind, desto eher können Missverständnisse entstehen. Diese sollten Sie klären, bevor Konflikte daraus erwachsen, die den Lernprozess nachhaltig beeinträchtigen. Wenn Sie in solchen Gesprächen überzeugen wollen, brauchen Sie geeignete Techniken – und auch gute Argumente.

Das vorliegende Kapitel informiert Sie deshalb sowohl über geeignete Methoden der Gesprächsführung, als auch über Techniken der Meinungsäußerung (des Argumentierens). Darüber hinaus erhalten Sie ein methodisches Repertoire mit Redewendungen, um Missverständnisse klären und Konflikte lösen zu können.

Am Schluss dieses Kapitels finden Sie auf S. 52 ein Schaubild, das zusammenfassend zeigt, wovon ein erfolgreiches Gespräch abhängt.

4. 1 Grundlagen der Gesprächsführung

4.1.1 Die Gesprächssituation erkennen

Die Gesprächssituation erkennen

Jedes Gespräch findet in einer bestimmten Situation zu einem bestimmten Thema statt. Jeder Teilnehmer verfolgt dabei eine bestimmte Absicht (z.B. vom Lehrer eine bessere Note zu bekommen). Je nach ihrem Verhalten erreichen die Gesprächsteilnehmer ihr Ziel – oder auch nicht.

Ort

ABSICHT — Teilnehmer [Gesprächssituation] Thema → ZIEL

Zeit

Beispiel: „*Ich hatte große Hoffnungen in Sie gesetzt*“, diese Mitteilung klingt nach einem Ausbildenden, der sich mit seinem Auszubildenden unterhält. Zeit, Ort, genaue Absicht sind diesen wenigen Worten nicht entnehmbar.

Überlegen Sie immer: **wer** sagt **was** zu **wem** an welchem **Ort** zu welcher **Zeit** mit welchem **Ziel**. Daraus ergeben sich für Sie Hinweise, wie Sie das jeweilige Gespräch führen können.

4.1.2 Fragetypen

Gezielt Fragen stellen

Ganz gleich, mit welcher Absicht Sie in ein Gespräch hineingehen: Bei genauem Hinschauen lassen sich verschiedene Fragetypen unterscheiden: **offene, geschlossene, alternative, suggestive, Kontrollfragen** u a. Sie bewirken jeweils eine bestimmte Reaktion des Gesprächspartners.

Tipp: Je unbekannter für Sie die Situation ist, desto eher stellen Sie offene Fragen. Je klarer Sie wissen, was Sie besprechen wollen, desto eher verwenden Sie andere Fragetypen.

Beispiel: *„Ich hatte große Hoffnungen in Sie gesetzt"* – Welche Fragen stehen Ihnen nun zur Verfügung?

⇨ *Wieso, habe ich etwas falsch gemacht?* (Geschlossene Frage)
⇨ *Was war denn an meinem Verhalten so enttäuschend?* (Offene Frage)
⇨ *Haben Sie die jetzt etwa nicht mehr?* (Rhetorische Frage)

Übersicht zu den Fragetypen:

Fragetyp	Beispiel mit Erkennungszeichen	Beabsichtigte Wirkung
Offene Fragen = W-Fragen	*Wann gehen wir ins Kino?*	Sie erhalten viele Informationen
Alternativfragen	*Gehen wir ins Kino oder ins Theater?*	Der Befragte soll (sich) entscheiden.
Geschlossene Fragen	*Gehst du nun heute mit mir ins Kino?*	Sie erhalten eine klare Antwort: ja oder nein
Kontrollfragen	*Wolltest du heute abend mit mir ins Kino gehen?* *Hattest du nicht gesagt, dass ...* *Habe ich dich richtig verstanden ...*	Verständnis absichern
Suggestivfragen	*Du wolltest doch so gern in diesen Film, nicht wahr?*	Sie unterstellen dem anderen etwas
Gegenfragen	*Gehen wir heute abend ins Theater? – Muss das wirklich heute sein?*	Irgendetwas stört Sie daran. Sie wollen aber nicht klar antworten und stellen deshalb ablenkend die nächste Frage.
Rhetorische Fragen	*Hat (etwa) noch jemand eine Frage?* *Wolltest du (etwa) noch mehr?* *Muss das so sein?*	Sie wollen zum Nachdenken anregen, erwarten aber eigentlich keine Antwort. Solche Fragen können jedoch, je nach Situation, das weitere Gespräch abwürgen.

4.1.3 Zwei Arten der Gesprächsführung

Anordnen oder miteinander reden?

In der Gesprächstheorie werden drei Stile unterschieden: der Laisser-faire-Stil, der autoritäre und der demokratische Stil. Der Laisser-faire-Stil (franz. = lassen Sie machen) verwischt die Grenzen und sorgt für Unsicherheit in der Gesprächssituation, folglich sollten Sie ihn vermeiden. Sie können in einem

Gespräch autoritär (= dem anderen etwas diktieren) auftreten oder demokratisch (= gemeinsam) Ihr Ziel erreichen.

Beispiel für einen autoritären Gesprächsstil
Ausbildender: *„Ich hatte große Hoffnungen in Sie gesetzt"*
Azubi: *„Haben Sie die jetzt etwa nicht mehr?"*
Ausbildender: *„Ich war wohl nicht deutlich genug: Ich ging davon aus, dass Sie ... Statt dessen sehe ich nur ... Wenn Sie daran also nichts ändern, dann kann ich nichts mehr für Sie tun!*

Übersicht: zwei Arten der Gesprächsführung

a) Der autoritäre Stil	b) Der demokratische Stil
einer dominiert das Gespräch, der andere muss sich fügen ↓	■ jeder nimmt den anderen Gesprächspartner ernst, ■ beide gehen auf Wünsche und Vorstellungen ein und suchen gemeinsam nach einer Lösung ↓
Gesprächspartner befinden sich auf unterschiedlichen Ebenen, z.B. im Dienstgespräch ⇨ Gespräch verläuft **asymmetrisch**	■ beide sehen sich als gleichberechtigt an, z.B. Azubis unter sich ⇨ Gesprächsführung verläuft **symmetrisch**

Beispiele für eine autoritäre Gesprächsführung:

Gesprächsführung „von oben herab"

- Zustimmung haben wollen:
  Finden Sie nicht auch, dass ...
- Dem anderen insgeheim die Schuld zuschieben und ihm Vorwürfe machen:
  Vielleicht war ich noch nicht deutlich genug...
- Sich ein Eigenlob aussprechen:
  Meine Lehrmethoden haben sich bewährt.
- Drohungen aussprechen:
  Wenn Sie sich nicht ändern, ... /Sie werden es noch bereuen.
- Unverständnis äußern:
  Ich kann das nicht verstehen.

Beispiele für eine demokratische Gesprächsführung:

Gemeinsam miteinander reden

- Negative Erfahrungen ansprechen, nach Ursachen suchen und sich sinnvolle Alternativen ausdenken:
  Du meinst, weil du deine Klassenarbeit schon immer verhauen hast, geht es dir jetzt genauso. Wie hast du dich denn darauf vorbereitet? Kann ich dir vielleicht helfen?

- Probleme vorhersehen, Bedenken ansprechen:
  Du befürchtest, in der Klausur alles vergessen zu haben?
- Gründe nennen lassen, die den anderen an einer Zusammenarbeit hindern, Lösungsvorschläge unterbreiten:
  Hat sich nie jemand interessiert, ob du alles gelernt hattest für die Klausur? Könntest du dir vorstellen, dass wir uns gemeinsam auf die Klausur vorbereiten: Du fragst mich ab und ich frage dich ab?
- Beispielhaft von positiven Erfahrungen erzählen und dadurch Mut machen:
  Ich schreibe mir immer Spickzettel, die hole ich immer heraus, wenn ich irgendwo warten muss. Da ich jeden Tag auf meinen Bus warten muss, lese ich sie mir sehr häufig durch und dadurch merke ich mir das alles auch, das geht irgendwie von selbst.

4.2 Missverständnisse erkennen und beseitigen

4.2.1 Die vier Seiten einer Nachricht

Sagen = meinen?

Zu Missverständnissen kommt es, wenn die Gesprächspartner nicht die gleiche Absicht, sondern jeweils unterschiedliche Ziele verfolgen. Um diese erkennen zu können, hat Schulz von Thun vier Ebenen unterschieden, auf denen wir uns gemäß unserer Ziele bewegen. Er nennt sie die **vier Seiten einer Nachricht**. Jede Äußerung ist für ihn eine Nachricht. Sie beinhaltet Informationen zum besprochenen Sachverhalt und über die Art der Beziehung zwischen den Gesprächspartnern, sie beinhaltet aber auch Informationen über den Sprechenden (Ich) sowie über das beabsichtigte Ziel. Dazu folgendes Modell:

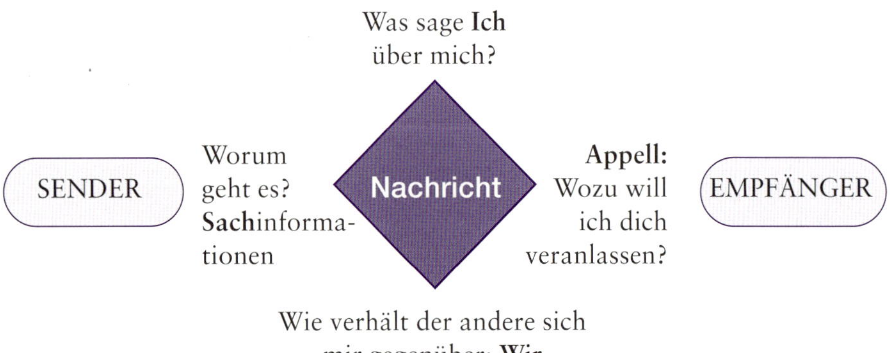

Wie Sie eine Nachricht nach diesem Modell grundsätzlich verstehen können, wird an folgendem Beispiel deutlich:

„Das Essen ist fertig"

ZIEL:	**Bewirkt mein Verhalten:**
– Als Sachinformation **Das Essen ist gar**	⇨ Aha, es ist also Zeit zum Essen.
– Als indirekte Aufforderung (Appell) **Kommt essen**	⇨ Ich soll also Essen kommen.
– Als Information über den Koch **Ich habe es geschafft**	⇨ Er ist stolz auf sich und ich kann mich mit ihm freuen.
– Als Information **Arbeitsauftrag erfüllt**	⇨ Der Ausbilder oder Partner soll z.B. kommen und das Essen bewerten.

Welche der vier Seiten tatsächlich im Vordergrund steht, hängt von der Gesprächssituation (siehe S. 35) ab. Vermutlich verstehen Sie die Äußerung *„Das Essen ist fertig"* zunächst als Appell, alle anderen Absichten müssten erst deutlich ausgesprochen werden.

Beispiel: Der Satz *„Ich hatte große Hoffnungen in Sie gesetzt"* signalisiert Enttäuschung auf Seiten des Sprechenden (ICH) und kündigt Veränderungen in der gemeinsamen Beziehung (WIR) an.

4.2.2 Missverständnisse erkennen

Im Arbeitsalltag kommt es häufig genug zu Missverständnissen. Die Gesprächspartner wissen dann nicht, welches Ziel gerade verfolgt wird, welche Seite einer Nachricht im jeweiligen Gespräch also gerade dominiert. Besteht Unklarheit, gehen Sie alle vier Seiten gedanklich durch und fragen zur Not nach:

Welche Information steht im Vordergrund?

Beispiel:
„Ich hatte große Hoffnungen in Sie gesetzt."
ICH: enttäuscht
WIR: ich erfülle seine Erwartungen nicht
Appell: etwas soll sich ändern
Sachinformation: Gründe für diese Hoffnung sind bekannt oder unbekannt
⇨ *Zuerst nach Gründen fragen (Sachinformation), dann nach den Folgen (Appell).*

4.2.3 Missverständnisse beseitigen

a) Lernen Sie zu sagen, was Sie stört

Sachinformation erfragen

Wir sind es gewöhnt, bei Missverständnissen dem anderen die Verantwortung dafür zu übertragen und ihn entsprechend zu beschimpfen. Damit können wir leicht von eigenen Schwächen ablenken.
Versuchen Sie deshalb immer wieder herauszufinden, welche Sachinformation eine von Frust und Ärger geprägte Beschimpfung enthält. Beispiele finden Sie in der Übersicht auf der folgenden Seite.

b) Lernen Sie, Ihre Wünsche zu äußern

Es geschieht heute viel zu selten, dass persönliche Wünsche und Bedürfnisse im Gespräch gehört werden, weil der Druck im Arbeitsalltag sehr hoch ist. Oft wird ein Verhalten erwartet, das sich dem Arbeitsablauf unhinterfragt einpasst. Individuelle Vorstellungen und Wünsche geraten dabei schnell in den Hintergrund, denn es erfordert Zeit, will man diese Wünsche (= Bedürfnisse) wirklich ernstnehmen und in den Arbeitsalltag produktiv integrieren.
Lernen Sie deshalb, sachlich darüber zu sprechen: Sagen Sie,

- was Sie stört,
- was Sie dabei emotional bewegt und
- was sich folglich ändern sollte.

Bedürfnisse zum Ausdruck bringen

Beispiel:
Ausbilder: *„Ich hatte große Hoffnungen in Sie gesetzt."*
Azubi: *„Ich habe den Eindruck, dass Sie enttäuscht von mir sind, das gefällt mir nicht, denn so etwas belastet. Bitte sagen Sie mir, warum Sie enttäuscht sind".*
Diese Reaktion des Azubis orientiert sich am Ritual der drei W (vgl. folgende Seite).

„Ob du mich verstanden hast, sehe ich an deiner Reaktion."
Missverständnisse beruhen also auf der unterschiedlichen Wahrnehmung von Nachrichten: Ob der Empfänger genau das versteht, was der Sender beabsichtigt, zeigt sich erst in der Reaktion des Empfängers auf die erhaltene Nachricht. Differenzen sollten entsprechend angesprochen und aufgelöst werden.

Übersicht:

Sagen Sie, was Sie stört:

Es stören Sie z.B.:	**So können Sie den Sachverhalt erfragen, der dem Ärger zugrunde liegt.**
▪ moralische Urteile: *Du Idiot! Du Drecksack!*	⇨ *„Ich habe ein Problem damit, wenn du ... sagst“ „Warum sagst du das immer wieder?“*
▪ Vergleiche, die verurteilend wirken: *Hier sieht's ja aus wie im Schweinestall!*	⇨ *„Was meinst du damit?“*
▪ die Gewohnheit, eigene Verantwortung abzulehnen: *Du bist schuld!* ↓	⇨ *„Warum soll ich Schuld sein? Wer hatte denn die Aufgabe ..., wer sollte .... tun?“*
Zurück bleibt das Gefühl der Ablehnung oder gar der eigenen Sinnlosigkeit. Damit entstehen Frustrationen und innere Konflikte.	⇨ Diese lassen sich durch erste Rückfragen sehr schnell auflösen.

Sagen Sie, was Sie sich vorstellen:

Das Ritual der drei W: **Wahrnehmen – Wirkung - Wunsch**	**Beispiel:**
I Wahrnehmen Beobachten und beschreiben Sie das Verhalten Ihres Partners. *„Ich nehme wahr ... [hören, sehen, feststellen...]“* ↓	⇨ *Ich sehe, dass Sie wiederholt zu spät kommen.*
II Wirkung Erzählen Sie von Ihren Gefühlen in dieser Situation, versuchen Sie, jene Bedürfnisse zu nennen, die hinter Ihren Gefühlen stehen. *„Das wirkt auf mich ...“* ↓	⇨ *Ich habe den Eindruck, Sie nehmen Ihre Ausbildungspflichten nicht sehr ernst.*
III Wunsch Sagen Sie, was Ihr Partner konkret tun soll, damit es auch Ihnen wieder gut geht. Formulieren Sie das als Bitte; sie wird eher erhört denn überhört. *„Ich wünsche mir ...“*	⇨ *Ich erwarte, dass Sie nach der Arbeit zu mir kommen und wir gemeinsam nach einer Lösung suchen.*

4.3 Konflikte lösen

Konflikte entstehen, wenn Sie tiefgreifende Differenzen bemerken zwischen dem, was Sie wollen und dem, was Sie an Rückmeldung vom Gesprächspartner erhalten. Aus welchem Grund ein Problem jeweils einen persönlichen Konflikt auslöst, entscheiden die Gesprächspartner individuell. Sie reagieren nach außen hin aggressiv, frustriert, blockierend. Das wiederum hemmt den Arbeitsprozess, folglich sollte man über diese Konflikte reden.

4.3.1 Redetechniken, um Differenzen anzusprechen

„Stresslöser"

- *Kannst du dir vorstellen ...*
- *Ich höre heraus ...*
- *Ich sehe ...*
- *Möchtest du sagen ...,*
- *Ich habe dich so verstanden ...*
- *Ich habe den Eindruck ...*
- *Du findest ...*
- *Erzähl doch mal ..., ich bin ganz Ohr.*
- *Wie stellst du dir das vor?*
- *Wusstest du, dass ...?*
- *Was hat sich denn für dich verändert?*

4.3.2 Das Ritual der Mediation

Regeln für ein klärendes Gespräch

Sind die individuellen Positionen zu fest gefahren? Dann sollten Sie sich für das klärende Gespräch mehr Zeit nehmen als nur die Dauer einer Arbeitspause. Ziehen Sie sich mit Ihrem Konfliktpartner bzw. der Konfliktpartei zu dritt oder zu viert zurück und besprechen Sie den Konflikt auf folgendem Weg:

1. Klären Sie die Gesprächs**regeln**:
   a) jeder hört jedem zu.
   b) Jeder darf seine Gedanken äußern.
   c) Niemand wird beschimpft o.ä.
   d) Bitten Sie einen unbeteiligten Dritten hinzu, der ab und an Ihre Gedanken „übersetzt". So merken Sie, ob Sie wirklich das gesagt haben, was Sie sagen wollten.
2. Jeder **sagt, was los ist**. Beide haben, jeweils nacheinander, die gleiche Redezeit.
3. Jetzt versuchen Sie, die **Ursachen** für Ihren Kummer zu finden. Jeder hat gleich viel Zeit, danach zu suchen, und soviel Zeit, wie er dafür braucht.
4. Aus den Ursachen Ihres Streites ergeben sich **Möglichkeiten**, gemeinsam etwas zu **ändern**. Suchen und diskutieren Sie diese.

5. **Einigen Sie sich** auf mögliche erste Taten. Notieren Sie, bis wann Sie zeitlich „durchhalten wollen“, um diesen, für Sie anderen Weg zu gehen. Besprechen Sie nach Ablauf dieser Frist, ob Sie tatsächlich etwas ändern konnten.

4.3.3 Streitfragen klären

Bisher standen eher persönliche Konflikte zwischen zwei Gesprächspartnern im Vordergrund. Je mehr Teilnehmer von einem Problem betroffen sind, desto eher ensteht Streit um inhaltliche Fragen. Beispielhaft werden hier die Regeln einer Diskussion, eines Streitgesprächs und einer Debatte vorgestellt.

a) Alle drei Streitformen verfolgen jeweils ein bestimmtes **Ziel:**

In der **Diskussion** sagt jeder, was er denkt und am Ende fasst man einen Beschluss. Z.B.:

Was machen wir nun in den drei Tagen Klassenfahrt? Heute gehen wir Eis essen, morgen ins Kino und übermorgen abend tanzen.

Ein Beispiel für einen Diskussionsbeitrag finden Sie auf der nächsten Seite.

Im **Streitgespräch** meint jeder Teilnehmer, Recht zu haben (z.B. vor Gericht). Ein unabhängiger Dritter (Moderator oder Richter) muss beide Seiten anhören und anschließend begründet ein Urteil fällen.

Wie Sie ein solches Streitgespräch üben können, erfahren Sie auf S. 45.

In der **Debatte** geht es um politische Entscheidungen. Sie können im schulischen Rollenspiel trainiert werden.

- Der Vorsitzende eröffnet die Sitzung
- Der Antragsteller stellt seinen Antrag und begründet ihn. Zeitbegrenzung.
- Die Gegenredner beziehen argumentierend ihre Position.
- Die Zuschauer dürfen mit argumentieren.
- Der Vorsitzende lässt geheim per Stimmzettel oder mündlich über die diskutierten Anträge abstimmen.

b) Für alle drei Formen eignen sich verschiedene **Gesprächstechniken:**

Scheinstützen:	*Denken Sie die Gründe des Partners weiter und setzen Sie erst danach eigene dagegen (+ / -).*
Ja, aber:	*Sie unterstützen den Partner (spiegeln), nennen aber einen Gegengrund, der schwerer wiegt.*
Bestreiten:	*Ein Argument durch ein Gegenargument entkräften.*
Widerspruch:	*Sie entkräften durch Tatsachen ein Vorurteil.*
Vorgreifen:	*Sie nennen noch nicht geäußerte Gedanken des anderen und stellen die Vorteile heraus.*
+/+-Taktik:	*Sie wiegen alle Vorteile und Nachteile gegeneinander auf.*
Vertagungstechnik:	*Sie gehen auf seine Behauptung später ein. Vorher wollen Sie noch auf andere Gründe aufmerksam machen.*

Beispiel für einen **Diskussionsbeitrag:**

Logischer Aufbau:	**Regeln für aktives Zuhören**
1. Die Situation, das Problem benennen *Sie geben uns Sonntags immer die Spätschicht! Auch wenn wir montags wieder Schule haben.*	■ Einander zuhören
2. Nach Ursachen dafür suchen *Auf euch ist Verlass, ihr arbeitet gut und die Gäste sind mit euch zufrieden.*	■ Dabei auf andere Tätigkeiten (telefonieren, essen, malen) verzichten
3. Das geplante Ziel benennen *Wir möchten aber gerne ausgeschlafen zum Unterricht erscheinen! Das geht jedoch nicht, wenn wir Sonntags bis 22 Uhr arbeiten und am nächsten Morgen um 5 Uhr wieder aufstehen müssen, damit wir pünktlich um 8 Uhr in der Schule sind. Denn die Verkehrsanbindung ist so schlecht.*	■ Ablenkungen verhindern (offene Türen, klingelnde Handys usw.)
4. Maßnahmen dazu vorschlagen *Wir möchten Sie deshalb bitten, uns den Sonntag vor der Berufsschulwoche in die Frühschicht einzuteilen.*	■ Nehmen Sie sich Zeit und haben Sie Geduld, bis der andere gesagt hat, was er meint. Stellen Sie sich gegenseitig Fragen.
5. In diesem Sinn zum Handeln auffordern *Könnten Sie das bitte schon bei der Einsatzplanung am kommenden Wochenende berücksichtigen!*	■ Lassen Sie sich nicht provozieren.

Regeln für ein **Streitgespräch:**

- Das Thema muss Gegenpositionen enthalten.
- Sie brauchen einen Streitschlichter, zwei Streitparteien PRO-CONTRA und die Beobachtergruppe.
- Sie brauchen Zeit, um sich in die skizzierte Rolle hineinzuversetzen und aus deren Sicht Argumente zu suchen. Diese Vorbereitung sollte in Gruppenarbeit stattfinden.
- Die Gruppe wählt einen Sprecher, der die jeweilige Rolle übernimmt. Im Bedarfsfall kann ein zweiter Sprecher von hinten Argumente „einflüstern".
- Die Beobachter brauchen einen klaren Beobachtungsauftrag.
- Der Gesprächsleiter (= Streitschlichter) erteilt und entzieht das Wort und fällt das Urteil.
- Nach der Problemlösung folgt die Auswertung: ein Gespräch über das Streitgespräch:
- Haben alle Beteiligten ihre Aufgaben erfüllt?
- Ist das Problem sachlich überzeugend gelöst worden?

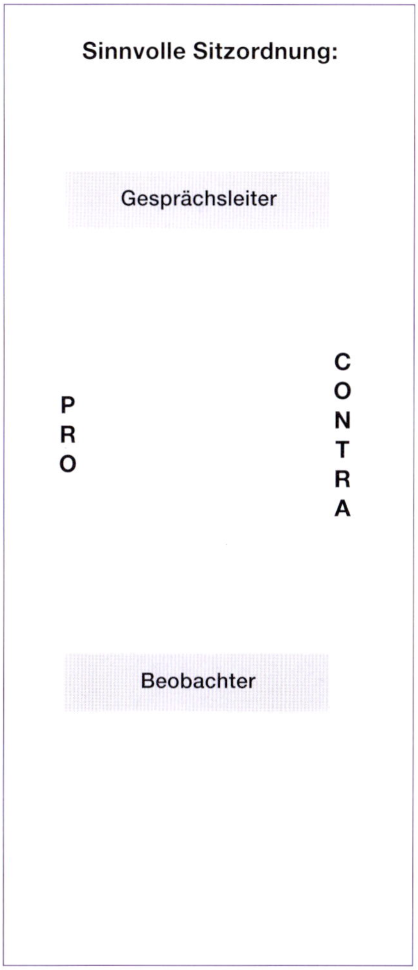

Konflikte sind alltäglich und nahezu selbstverständlich. Sie sollten sie als Herausforderung ansehen und sich ermuntert fühlen, mit Interesse und Neugier die Sichtweises des Gesprächspartners zu verstehen. So können Sie gemeinsam eine Lösung finden, mit der beide Seiten einverstanden sind. Stehen unerfüllte persönliche Bedürfnisse im Vordergrund, bietet sich das Ritual der Mediation an, stehen Sachfragen im Vordergrund, müssen sie debattiert oder ausdiskutiert werden.

4.4 Techniken der Argumentation

Überzeugen lernen

Wer seine Meinung erfolgreich durchsetzen möchte, sollte einige Grundregeln der Argumentation beherrschen. Wie Sie treffende Argumente finden und sie in der richtigen Situation äußern, erfahren Sie im Folgenden.

4.4.1 Grundlagen

a) Aufbau eines Arguments am Beispiel: Rauchverbot

Argumente bestehen aus einer Behauptung (These), die begründet werden muss und an einem Beispiel veranschaulicht werden sollte.

These	→	Begründung	→	Beispiel
Rauchen sollte verboten werden,		*da die durch Rauchen verursachten Krankheiten zunehmen,*		*so dass z.B. die Krankenkassen die Beiträge für Krebspatienten erhöhen wollen.*

b) W-Fragen für sinnvolle Argumente

Häufig kommen Argumente spontan, aus dem Bauch heraus. Je anspruchsvoller die Themen werden, desto genauer sollten Sie jedoch über mögliche sinnvolle Argumente nachdenken. Ein bewährtes Mittel zur Ideengewinnung sind die so genannten **W-Fragen:**

Beispiel Rauchverbot

Wer?	*ist von dem Problem Rauchen betroffen?*
Wann?	*Spielt die Zeit eine Rolle?*
Wo?	*Ist das Rauchen örtlich begrenzt?*
Wozu?	*fordert man solch strenge Verbote?*
Warum?	*ist Rauchen gerade in der Schule so umstritten?*
Wie?	*macht sich das Problem bemerkbar oder wie könnte man ein solches Verbot durchsetzen?*
Womit?	*könnte man die Anti-Raucherkampagne erfolgreich gestalten?*
Wohin?	*geht die Entwicklung im Umgang mit Zigaretten bzw. mit den Rauchern, wenn man ihnen den Schulbereich verbietet?*
Welche Wirkung?	*hätte ein totales Verbot?*
Welche Absicht?	*verfolgt ein solches Verbot?*

c) Steigende Argumentation

Die Argumentation sollte ein wenig Spannung enthalten, sonst hört Ihnen niemand zu. Diese Spannung entsteht, indem Sie zuerst weniger wichtige und dann immer wichtiger werdende Argumente vortragen. Man nennt diese **Argumentation** auch **steigend**.

Beispiel: negative äußere Punkte, die das Rauchen mit sich bringt:

Einige negative äußere Punkte, die das Rauchen mit sich bringt:

- ⇨ *Mangelnde Pünktlichkeit, die aber auch durch andere Gründe entsteht,*
- ⇨ *verschmutzte Raucherecken und herumliegende Kippen,*
- ⇨ *die Brandgefahr, durch nicht auf gerauchte Glimmstängel, die im Papierkorb landen.*

Wendungen für die Steigerung:

- *Noch bedeutender (größer, wichtiger)*
- *Weitaus schwieriger*
- *Schwerer wiegt*
- *Bedenklicher ist*
- *Klar erkennbar ist folgendes*
- *Überzeugender erscheint mir*

4.4.2 Grundtypen: Der Drei-Schritt / Der Fünf-Schritt

Aufbau in drei / fünf Schritten

Die Bausteine eines Argumentes – These, Begründung, Beispiel – werden mit einer Zielstellung verknüpft und ergeben damit zwei Grundtypen der Argumentation: den Fünf-Schritt und den Drei-Schritt.

a) Der Drei-Schritt Vergleicht ein gegenwärtiges Problem mit der Vergangenheit	**b) Der Fünf-Schritt** Diskutiert sachlich eine Problemstellung
I Benennt das Problem *Ich finde, dass die Azubis zu viel vom Lehrer gesagt bekommen wollen, damit lernen sie aber kaum noch.* ↓	**I** Vorstellung des Themas *Lohnt sich das Aufpassen im Unterricht gleich vom ersten Tag an?* ↓
II Sagt, wie es früher war *Früher gab es das nicht, da wollten die meisten Azubis von selbst alles lernen.* ↓	**II** Behauptung / These nennen *Wer erfolgreich sein will, muss sich auf die Klassenarbeit konzentrieren.* ↓
III Macht einen Vorschlag, wie das Problem zu lösen ist. *Sie sollten sich den Sinn Ihrer Berufsausbildung stärker deutlich machen und daraus ihre Ziele entwickeln, die sie dann auch konsequent erreichen wollen.*	**III** Gründe anführen *Die Note der Klassenarbeit geht zur Hälfte in die Zeugnisnote ein, usw.* ↓

	IV Durch Beispiele veranschaulichen *Wie z.B. geschehen im ersten Ausbildungshalbjahr.*
	V Schlussfolgerung *Also müssen wir uns vom ersten Schultag an auf diese Klassenarbeit vorbereiten.*

Hinweis: Der Fünf-Schritt kann in der aktuellen Diskussionsrunde auf die drei Schritte Behauptung – Begründung – Schlussfolgerung reduziert werden.

4.4.3 „Killerphrasen" oder Sachargumente?

Sachlich bleiben

Am stärksten überzeugen in einer Diskussion **sachliche** Argumente. Sie sind für jeden logisch nachvollziehbar und deshalb auch leicht verständlich. Gehen die Sachargumente aus, ein Gesprächsteilnehmer will sich aber unbedingt durchsetzen, dann benutzt er **„Killerphrasen"**. Diese sind rein subjektiv gemeint und greifen den anderen persönlich an. Lassen Sie sich als Betroffener davon beeindrucken, dann siegt am Ende das letzte Wort – womöglich das Ihres Gegenübers. Durchschauen Sie als Betroffener diese Strategie, dann sollten Sie versuchen, den Gesprächspartner auf die sachliche Ebene zurückzuführen oder das Gespräch zu vertagen. Bis zu diesem späteren Zeitpunkt sind die Emotionen in der Regel wieder soweit unter Kontrolle, dass Sie beide sachlich weiterstreiten können.

Nur wer sachlich diskutiert, kann das Problem wirklich lösen.

Übersicht:

Sachargumente

Sie argumentieren sachlich ...

... mit Tatsachen und Fakten, denn sie wecken den Eindruck von fachlicher Genauigkeit	⇨ *Wer am Abend vor einer Klausur stundenlang lernt, hat am nächsten Tag einen „dicken" Kopf. Denn das Gedächtnis braucht Zeit, um sich das Wissen dauerhaft einzuprägen.*
... mit Normen und Regeln, denn sie werden allgemein schnell anerkannt.	⇨ *Meine Eltern halten mich dazu an, jeden Abend noch mal ins Buch zu schauen. Ich erkläre ihnen dann, was wir gelernt haben. Das ist ja für mich auch noch mal eine Wiederholung.*

... **mit Vergleichen**, die eine ähnliche Situation veranschaulichen	⇨ *Ich hab mal für einen Test einen Tag vorher gelernt. Und am Ende eine schlechte Note bekommen. Ich konnte mich plötzlich einfach an nichts mehr erinnern.*
... **mit Zitaten** und Gedanken von Autoritäten	⇨ *Vester zeigt in seinem Buch „Denken, Lernen, Vergessen" sehr deutlich, welchen Weg das Wissen gehen muss, um „für immer" verinnerlicht zu sein.*
..., wenn Sie von eigenen **Erfahrungen** erzählen	⇨ *Also ich lerne immer so: ...*

Persönliche Angriffe abwehren

„Killerphrasen"	**Mögliche Entgegnungen**
Jemand greift Sie persönlich an: *Ihr seid doch alles Weicheier!*	⇨ Sagen Sie ihm, dass Sie das stört. Suchen Sie nach den Gründen für diesen Angriff: *Kannst du mir bitte sagen, was dich jetzt so verärgert?* ⇨ Oder wechseln Sie auf die andere Ebene: stellen Sie eine Sachfrage.
Jemand setzt Sie unter Druck: *Entweder wir machen das jetzt so, oder du kannst das alleine machen.*	⇨ Lassen Sie es darauf ankommen. Oder fragen Sie ihn, warum er das jetzt so machen will.
Jemand schreit Sie an.	⇨ Bleiben Sie ruhig: Machen Sie eine Handbewegung. Oder sprechen Sie ihn darauf an: *Nicht in diesem Ton! Was bringt dich denn so auf die Palme?*
Jemand nimmt Ihre Argumente nicht auf, sondern wiederholt gebetsmühlenartig seine eigenen.	⇨ Sagen Sie ihm, dass Sie eine Erklärung zu Ihren Gedanken möchten: *Ich habe auf deine Frage geantwortet. Antworte du bitte auch auf meine.*
Jemand wertet Sie ab: *Du bist viel zu blöd dazu. Das kannst du ja doch nicht.*	⇨ Beweisen Sie ihm sachlich das Gegenteil oder spiegeln Sie einfach nur sein Verhalten. *Jetzt gehen dir die Gründe aus, deshalb hackst du mal schnell auf mir rum.*

4.4.4 Lineare und dialektische Argumentation

Beweisen oder abwägen?

Reiht man eine Menge von Argumenten aneinander, z.B. in einem einleitenden Vortrag oder in einem Urteilsspruch vor Gericht oder in einer Debatte, dann erzielt diese Kette eine bestimmte Wirkung: Sie beweist einen Sachverhalt oder beantwortet eine Fragestellung. Von der Art der Argumentation unterscheidet man deshalb zwei Typen: die lineare (einsträngige) und die dialektische (abwägende) Argumentation.

a) Lineare Argumentation

Beweist einen Sachverhalt

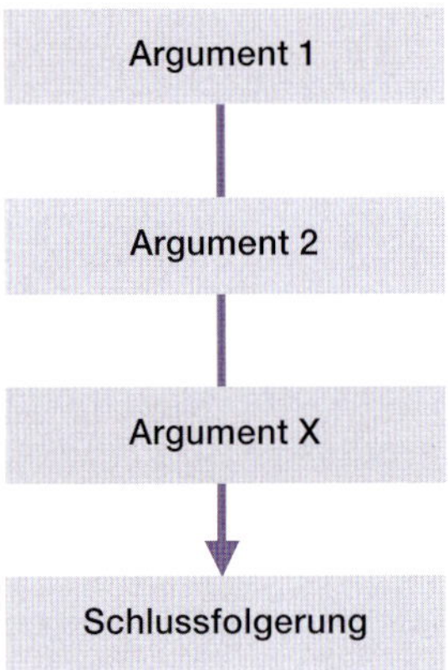

b) Dialektische Argumentation

Setzt dafür und dagegen sprechende Argumente nebeneinander und beantwortet damit eine Fragestellung

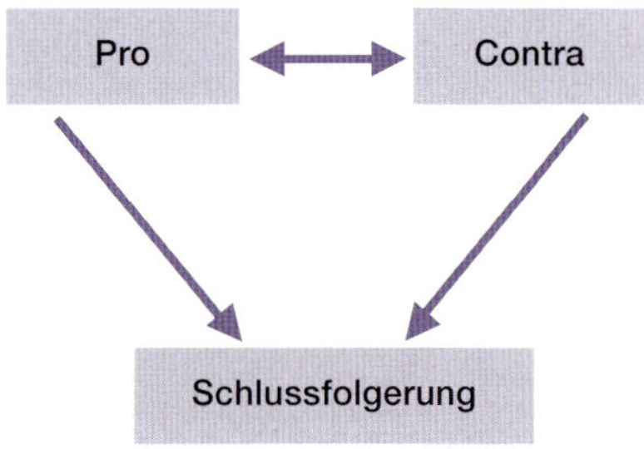

Beispiele für die Anwendung:
Zeige, warum das Rauchverbot in der Schule dringend nötig ist!
Zeige die Notwendigkeit von Hausaufgaben auch in der Berufsschule!

Beispiele für die Anwendung:
Zu Hause Ausziehen während der Berufsausbildung?
Möchtest du deinen Beruf lieber vor Ort oder in einem anderen Bundesland erlernen?

Anschlusswörter stellen die Verbindung zwischen den Argumenten her:
weiterhin, außerdem, ferner, zusätzlich, noch ein, noch ein weiteres, darüber hinaus, ebenso

Anschlusswörter stellen die Verbindung her zwischen den Argumenten:
Während bisher – kommen wir nun...
War bisher die Rede von ... soll jetzt ....
Es gibt noch ganz andere Gesichtspunkte...
Ganz anders argumentiert ...
Im Gegensatz dazu ...
Auf der anderen Seite ...
Dagegen ließe sich einwenden ...

Zwei Varianten im Aufbau einer dialektischen Argumentation:

Für oder gegen etwas sein?

a) Die Argumente pro und contra werden jeweils im **Block** aneinander gereiht,
Entweder pro oder contra beginnend

b) Die Argument pro und contra werden jeweils **parallel** gegenüber gestellt
Beginnend mit pro bzw. contra

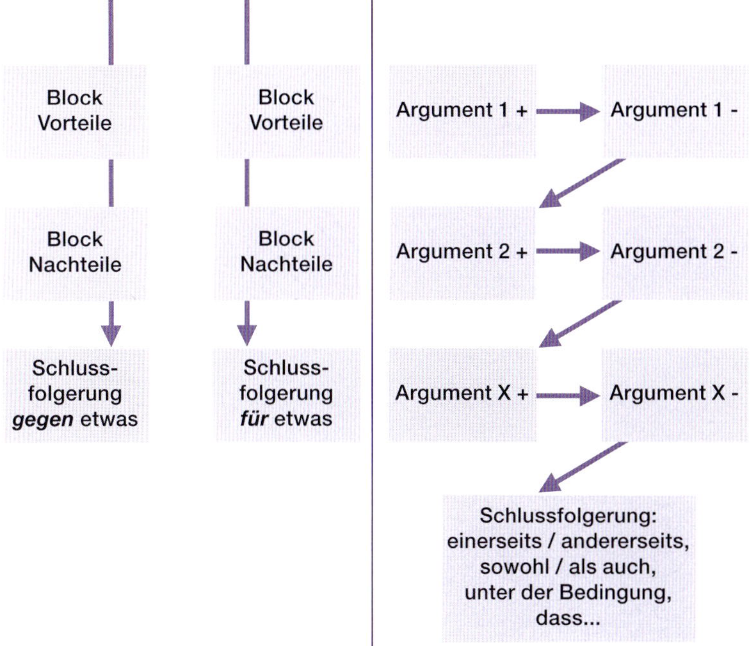

Exkurs: Probleme lassen sich sowohl mündlich als auch schriftlich erörtern. Für die schriftliche Argumentation stehen verschiedene Textsorten zur Verfügung:

- Die **Stellungnahme**: beruht auf dem 5-Schritt
- Der **Kommentar**: reagiert auf Sachverhalte oder schriftlich bereits geäußerte Meinungen und wertet diese pro oder contra
- Die **Erörterung** als ausführlichste Form der Argumentation bearbeitet eine Problemstellung mit Einleitung / Hauptteil / Schluss in Form eines Beweises oder der Beantwortung einer Frage.
- Bei der Erörterung unterscheidet man die **freie** und die **gebundene** Erörterung. Die gebundene bezieht sich stets auf vorliegendes Textmaterial, die freie ist Resultat selbstständigen Nachdenkens bzw. reichhaltiger Stoffsammlung (durch Nachlesen).

Schaubild zum Thema „Miteinander reden"

Bausteine eines erfolgreichen Gesprächs

Modell der vier Seiten einer Nachricht lässt über die Gesprächssituation nachdenken:

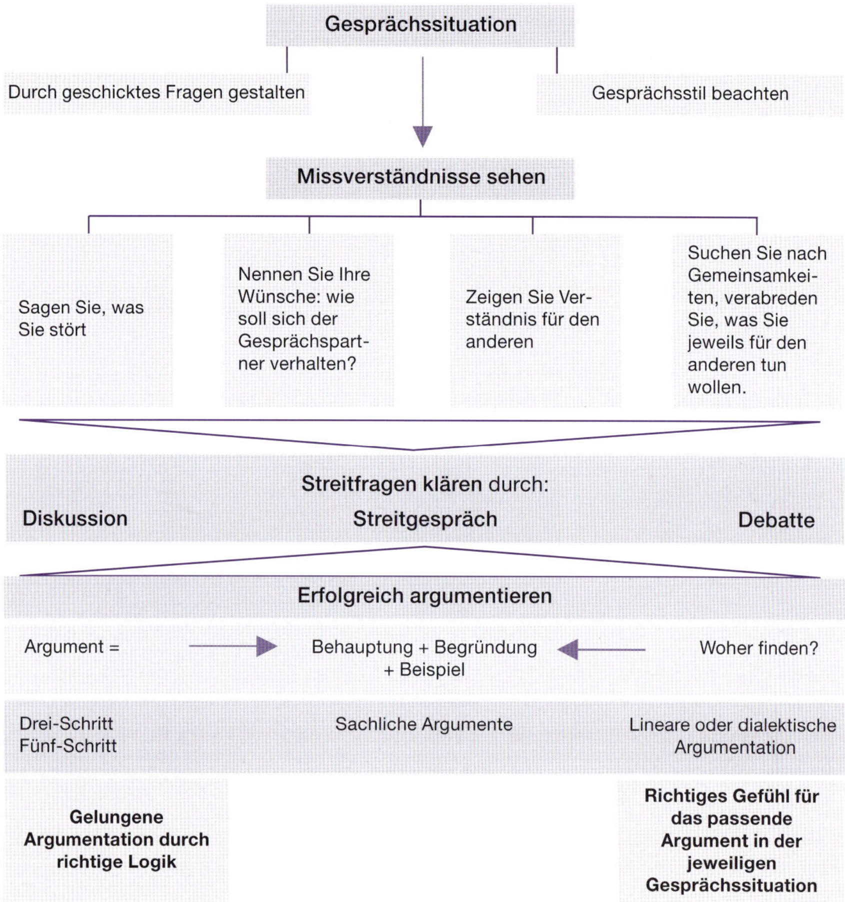

Eine gelungene Argumentation beruht auf zwei Säulen:
Erstens die eigenen Behauptungen verständlich und anschaulich zu begründen und sinnvolle Schlussfolgerungen daraus abzuleiten.
Zweitens ein Gefühl dafür zu erwerben, in welcher Situation Ihr Gesprächspartner ein ganz bestimmtes Argument am stärksten überzeugt, so dass er daraufhin Ihren Erwartungen gemäß handelt.

5 Referat / Schülervortrag: vorbereiten und halten

Sie erfahren,

- wie Sie sich auf ein Referat vorbereiten,
- wie Sie mit Tricks und Techniken das Publikum für Ihr Thema interessieren können,
- wie Sie mit Gesprächstechniken eine anschließende Diskussion führen.

Referieren bedeutet Vortragen. Je nachdem **wer** vorträgt, kennen Sie den **Lehrer**vortrag bzw. den **Schüler**vortrag. Je nachdem, **wie lange** ein solcher Vortrag dauern soll, halten Sie entweder einen **Kurz**vortrag von 10-15 Minuten oder ein **Referat** (nicht unter 20 Minuten). Im Mittelpunkt stehen erarbeitetes Wissen und dazugewonnene Erkenntnisse, die Sie Ihren Mitschülern – systematisch geordnet – mitteilen. Und mit einigem Geschick ergibt sich aus Ihrem Vortrag anschließend sogar eine kleine inhaltliche Diskussion.
Ein Referat steht also am Ende eines selbstorganisierten Lernprozesses.

Im folgenden Kapitel erfahren Sie deshalb, was Sie in Vorbereitung auf Ihr Referat berücksichtigen sollten, wie Sie sich die Aufmerksamkeit Ihrer Zuhörer sichern und wie Sie abschließend das Interesse Ihrer Zuhörer in eine Diskussion überführen können.

5.1 Checkliste Vorbereitung

Planung

- Wie heißt das Thema ?
- Wie viel Zeit habe ich?
- Welche Medien kann ich benutzen?
- Wann ist der Termin?
- Vorbereitung: allein oder zu mehreren?
- Welche Fragen können von den Zuhörenden kommen?

5.2 Arbeitsschritte vom Thema zum Vortrag

Lassen Sie sich in der Vorbereitung Ihres Referates von folgenden Fragen leiten:

Inhaltliche Vorbereitung

a) Wie heißt das Thema?
   ⇨ Suchen Sie den Kerngedanken in Ihrer Fragestellung oder Überschrift!
b) Wo kann ich mich dazu informieren?
   ⇨ Suchen Sie geeignete Literatur oder Artikel in Zeitschriften (vgl. Kap.3)
   ⇨ Notieren Sie Stichworte zum Gelesenen (Vgl. Kap.2)
c) Wie sortiere ich mein Wissen am Besten?
   ⇨ Fertigen Sie eine Gliederung an und nummerieren Sie die Zwischenüberschriften durch. (Vgl. Kap.7)
d) Wie kann ich mein Wissen veranschaulichen?
   ⇨ Schreiben Sie eine Folie mit der Gliederung.
   ⇨ Verwenden Sie Bilder und Grafiken.
   ⇨ Entwerfen Sie ein Arbeitsblatt, das der Zuhörer während des Vortrages auszufüllen hat.
e) Wie bin ich inhaltlich sattelfest?
   ⇨ Schreiben Sie sich einen Stichwortzettel (Stichpunkte).
f) Wie bekämpfe ich meine Aufregung?
   ⇨ Proben Sie den Vortrag und stoppen Sie die Zeit dabei.
   ⇨ Eventuell müssen Sie kürzen oder ergänzen, dann überarbeiten Sie die Gliederung!

Tipp: Legen Sie sich einen Zeitplan an:

Termin	Arbeitsphase
	I Thema klären, Literatur suchen / lesen / bearbeiten.
	II Gliederung entwerfen – sich beraten lassen (= Konsultation), Stichwortzettel übersichtlich ausarbeiten, Anschauungsmaterial erstellen.
	III Vortrag üben: richtiger Einsatz des Materials, „roten Faden“ merken, frei sprechen üben.

Beispiel: Ein Schülervortrag zum Thema Sozialversicherung
Die Azubis sollen sich selbstständig in Gruppen zu jeweils einer Sozialversicherung das entsprechende Wissen aneignen und in geeigneter Weise vortragen. (Zur Gruppenarbeit siehe Kap. 6.1).

Projekt Schülervortrag

zum Thema

Sozialversicherung in Deutschland

Konkretes Beispiel: Sozialversicherung

Aufgabe:
Erarbeiten Sie anhand der Ihnen vorliegenden Materialien einen Schülervortrag zum Thema

- Rentenversicherung
- Krankenversicherung
- Pflegeversicherung
- Arbeitslosenversicherung
- Unfallversicherung

Reichen Sie Ihren Mitschülern parallel dazu ein **Arbeitsblatt**, mit dessen Hilfe diese Ihrem Vortrag aktiv folgen können!

Die Vorbereitungszeit beträgt 4 Unterrichtsstunden.

Hinweise zur Schrittfolge:

- ➢ Erarbeiten Sie das Material (Thema) und entscheiden Sie sich, welche Beiträge Sie in Ihrem Schülervortrag nutzen wollen. (Fertigen Sie dazu ein Protokoll an, aus dem auch hervorgeht, wer aus Ihrer Gruppe das betreffende Material studiert hat.)
- ➢ Erarbeiten Sie die Inhalte der einzelnen Beiträge und notieren Sie sich deren Hauptgedanken. (Fertigen Sie dazu ein Protokoll an, aus dem auch hervorgeht, wer aus Ihrer Gruppe das betreffende Material studiert hat.)
- ➢ Überlegen Sie sich eine mögliche Gliederung Ihres Vortrages und notieren Sie diese!
- ➢ Erstellen Sie Anschauungsmaterial (Folien u.ä.) für Ihren Vortrag und entwerfen Sie Ihr Arbeitsblatt.
- ➢ Notieren Sie Ihren Schülervortrag in Stichworten. Integrieren Sie darin Hinweise zur Arbeit mit dem Arbeitsblatt. Stellen Sie Ihr Arbeitsblatt fertig und übergeben Sie es zum Kopieren.
- ➢ Halten Sie Ihren Schülervortrag!

Hinweise zur Bewertung

- ✓ Die Gruppenmitglieder erhalten ein Feedback auf ihr Protokoll zur Erarbeitung des Materials (s.o.), und eine Note für die Mitarbeit in der Gruppe.
- ✓ Der Vortragende erhält eine Note auf den Schülervortrag.
- ✓ Die Gruppenmitglieder erhalten auf die Übersichtlichkeit und sachliche Richtigkeit des Arbeitsblattes eine Note.

5.3 Möglichkeiten der Veranschaulichung

5.3.1 Arbeitsblatt

Thema und Inhalt bildlich präsentieren

- hier stehen wichtige Fragen oder Gedanken, die während des Vortrages beantwortet oder ergänzt werden müssen.
- Oben auf dem Blatt steht das Thema, der Name des Referenten, das Datum des Vortrages und das betreffende Unterrichtsfach.
- Am Schluss wird die verwendete Literatur aufgelistet. (Beispiel siehe unten).

5.3.2 Thesenpapier (Handout)

- fasst die wichtigsten Ergebnisse in eigenen Worten thesenartig zusammen.
- Thesen sind allgemein formulierte Erkenntnisse, die im Referat erklärt und veranschaulicht werden müssen.
- Ordnen Sie die Thesen in der Reihenfolge, in der Sie darüber referieren.
- Beziehen Sie also das Thesenpapier in Ihren Vortrag ein (z.B.: *Sie können diese These auf Ihrem Handout nachlesen* oder: *Diese These findet sich auch auf Ihrem Handout.)*
- Sie können auch Abbildungen und Tabellen mit aufführen, wenn diese das Verständnis Ihres Vortrages erleichtern.

Beispiele zum Thema Sozialversicherung

Arbeitsblatt:

Olaf Schulze, Fach WISO 15.12.2004

Vortrag zum Thema

Die staatliche Krankenversicherung

- Anliegen:
- Leistungen:
- Beiträge:
- Probleme:
- Maßnahmen der Gesundheitsreform:
- Ausblick

Verwendete Literatur: ...

Thesenpapier:

Olaf Schulze, WISO 15.12.2004

Thesenpapier zum Thema

Die staatliche Krankenversicherung

1. Die Krankenversicherung wurde im 19. Jahrhundert eingeführt, um soziale Unruhen zu vermeiden.

2. Heute werden nahezu alle Leistungen im Krankheitsfall vom Staat bezahlt.

3. Um die Zahl der „Krankmachenden“ zu reduzieren und Kosten zu sparen, trat die Gesundheitsreform in Kraft.

⋮

Verwendete Literatur: ...

5.3.3 Flipcharts

Flipcharts eignen sich, um z. B. ein Schaubild (vgl. Kap.2) während des Vortrages systematisch zu entwickeln.

Hinweise zum Umgang mit Flipcharts

Legen Sie die nötigen Karten und Magnete bzw. Klebstoff bereit. → Verwenden Sie einen Stift, der auch von hinten mit einigem Abstand noch zu lesen ist.

Erst reden – dann Kärtchen befestigen. Beim Anheften schweigen, weil Sie in diesem Moment keinen Blickkontakt zum Publikum haben. → Geben Sie den Zuhörenden Zeit zum Lesen.

5.3.4 Video oder Tonband

- Machen Sie sich vorab mit der nötigen Technik vertraut. Lassen Sie keine Pausen im Vortrag entstehen, nur weil Sie das Gerät nicht bedienen können.
- Spulen Sie zu der Stelle vor, die Sie einsetzen wollen (die Spulerei während des Vortrages macht die Zuhörer nur unruhig und kostet wertvolle Zeit).
- Achten Sie auf angemessene Lautstärke: Alle sollen den Ton verstehen, aber er darf nicht überdreht sein.

5.3.5 PowerPoint-Präsentation

- Die moderne Computertechnik ermöglicht eine Veranschaulichung durch Text, Bild und Grafik, die direkt aus dem Computer mittels Beamer an die Wand gestrahlt wird.
- Zeigen Sie PowerPoint-Seiten nur, wenn Sie konkrete Gedanken veranschaulichen wollen – sonst hört Ihnen keiner mehr zu.

5.3.6 OHP-Folien

- müssen deutlich lesbar sein (mindestens Schriftgröße 20),
- müssen einen Blickfang enthalten: ein Zentrum, auf das sich die Aufmerksamkeit richten kann (z.B. Schaubilder oder Gliederungspunkte),
- können im Verlauf des Vortrages aufgedeckt werden zwecks gemeinsamer, zeitgleicher Bearbeitung des Arbeitsblattes bzw. Thesenpapiers.

Alle Medien, die frontal neben dem Referenten Anschauungsmaterial projizieren, lenken die Aufmerksamkeit der Zuhörer auf sich – und vom Vortragenden ab. Ihr Einsatz muss deshalb gezielt erfolgen und wohl überlegt sein, sonst hört Ihren mündlichen Ausführungen niemand mehr zu.

5.4 Kriterien für ein gelungenes Referat

5.4.1 Allgemeine Anforderungen

Kontakt zum Publikum herstellen

- ✓ Möglichst frei sprechen und dabei Blickkontakt zum Publikum halten
- ✓ Gedanken zum Thema geordnet vortragen
- ✓ Anschauungsmaterial gezielt verwenden und in den Vortrag einbeziehen
- ✓ Hochdeutsch sprechen (Standardsprache)
- ✓ Angemessen auf Zwischenfragen reagieren
- ✓ Ggf. Diskussion leiten

5.4.2 Verhalten bei Zwischenfragen

Fürchten Sie keine Zwischenfragen, sie geben Ihnen ein Zeichen, dass das Publikum Ihren Ausführungen interessiert folgt. Gehen Sie deshalb aktiv damit um:

Greift die Frage Ihren Ausführungen vor? Dann notieren Sie sich diese Frage (wenigstens sinngemäß) und vertagen die Antwort auf einen späteren Zeitraum. Sie müssen dann aber auch darauf zurückkommen.	*Darauf komme ich unter Gliederungspunkt x.x zu sprechen.*
Brauchen Sie Zeit zum Überlegen? Dann wiederholen Sie die Frage noch einmal.	*Sie wollen also wissen...* *Sie interessiert noch .... In dieser Zeit suchen Sie in Gedanken nach der zutreffenden Antwort.*
Sind Sie unsicher, worauf die gestellte Frage abzielt? Dann haken Sie nach, greifen Sie bestimmte Aspekte der Frage heraus und fragen nochmals nach.	*Habe ich Sie richtig verstanden, ...* *Wenn ich Sie richtig verstehe ...* *Sie fragen nach ..., eigentlich ist an dieser Frage aber folgender Aspekt interessant ...*
Geben Sie die Frage an die Zuhörer weiter, wenn Sie sich auch von diesen beantworten lässt.	*Z.B. im Rahmen eines Schülervortrages zur Sozialversicherung kann eine Frage nach Vor- und Nachteilen gestellt werden. Darüber könnten alle Anwesenden eine Meinung äußern.*

Seien Sie ehrlich, wenn Sie keine Antwort wissen und verweisen Sie auf entsprechende Literatur.

Deuten Sie an, worauf Sie nicht näher eingehen können und lassen Sie rhetorische Fragen ggf. unbeantwortet.

5.5 Zum Diskutieren anregen

Nachfragen zulassen

War das Referat interessant und problemgeladen, dann haben die Zuhörer mitgedacht und wollen sich anschließend darüber austauschen. Und so können Sie diesen Gedankenaustausch leiten:

- Fordern Sie zum Nachfragen auf: *Ist etwas unverständlich geblieben? Sind noch Fragen offen geblieben?*
  (Vorsicht: „*Haben Sie noch Fragen?*" ist eine „Killerfrage". Sie signalisiert das Ende der Diskussionsrunde.)
- Präsentieren Sie weitere interessante Fragen und Thesen.
- Fordern Sie zur Stellungnahme auf.
- Klären Sie offen gebliebene Fragen, auf die Sie im Vortrag aus Zeitgründen nicht näher eingehen konnten. (Z.B.: *Darauf einzugehen sprengt den Rahmen meines Vortrages, aber in der Diskussion können wir gern darauf zurückkommen).*
- Diskutieren Sie Unterschiede, Perspektiven, etc.

Je überzeugender Sie Ihren Vortrag strukturieren und je anschaulicher Sie Ihre Gedanken vortragen, desto leichter werden Sie verstanden und desto mehr Interesse wecken Sie bei Ihren Zuhörern: Nichts wirkt tödlicher als ein gelangweiltes Publikum.

6 Projekte und Präsentationen

Sie erfahren,

- wie eine erfolgreiche Gruppenarbeit funktioniert,
- wie Sie Projekte durchführen,
- wie Sie Ihre Arbeitsergebnisse erfolgreich präsentieren.

Probleme gemeinsam lösen

Es gibt heute kaum noch ein Problem im Handlungsumfeld Schule, das keine gesamtgesellschaftliche Bedeutung hat. Diese sehen zu lernen, sich der eigenen Interessen daran bewusst zu werden, gleichgesinnte Partner zu finden, um gemeinsam nach Lösungen zu suchen, das ist Anliegen von Projekten. Sie werden zum Teil gezielt, z.B. im Berufsschulunterricht, initiiert oder entstehen während der Berufsausbildung. Projektarbeit trainiert auf hervorragende Weise Ihre Selbstständigkeit und schärft Ihren **Blick für sinnvolle Lösungsansätze** im Arbeitsprozess.

Arbeitsergebnisse präsentieren

Erfolgreiche Projektarbeit erfordert eine Fülle verschiedener **Arbeitstätigkeiten**, die in den verschiedenen Fächern der Berufsschule und in unterschiedlichsten Situationen im Ausbildungsalltag eingeübt wurden und jetzt unter einer Zielstellung (z.B. Sonderveranstaltungen) ineinander greifen müssen. Die Fähigkeit zur Teamarbeit ist dafür genauso unerlässlich wie die sorgfältige **Präsentation** der Projektergebnisse. In diesem Kapitel erhalten Sie deshalb einige Hinweise zu Grundsatzfragen der Gruppenarbeit, Projektgestaltung sowie Hinweise zu Präsentationsmöglichkeiten.

6.1 Gruppenarbeit

Geeignete Mitstreiter suchen

Jedes Projekt basiert auf Gruppenarbeit, und Anlässe für Gruppenarbeit gibt es viele. Ein Brainstorming z.B. verlangt viele kluge Köpfe mit klugen Ideen. Neugierige Fragen und komplexe Sachaufgaben verlangen die Ausbildung verschiedener Experten, die sich anschließend gegenseitig ihr Wissen kundtun. Anspruchsvolle Übungen möchte man nicht alleine lösen müssen und soziale Konflikte lassen sich in Rollenspielen probeweise auflösen. Gruppenarbeit begegnet Ihnen im Unterricht, wenn Sie sich leicht verständliches Wissen auch individuell aneignen können, abgestimmt auf das eigene Lerntempo und unterstützt von den Erklärungen Ihrer Mitschüler. Während dieses Erklärens merken Sie übrigens selbst am besten, wieweit Sie das neue Wissen schon beherrschen.

Gruppenarbeit setzt also in jedem Fall einen Lernprozess in Gang, der intensiver nicht sein kann und **stiftet das wichtige Gefühl, für seine Lernergebnisse selbst verantwortlich zu sein.** Wie Sie diese Verantwortung wahrnehmen können, dazu im Folgenden einige Hinweise.

6.1.1 Regeln für die Gruppenarbeit

Wie Gruppenarbeit funktioniert

Im Idealfall finden Sie unter einer selbst gegebenen Frage- oder Themenstellung auf folgende Weise in die Gruppenarbeit: Sie

- finden sich zu vier bis sechs Personen,
- klären die Aufgabenstellung,
- verteilen dazugehörige Einzelaufgaben,
- verteilen die Funktionen: ein Sprecher, ein Zeitnehmer, ein Präsentator,
- erstellen einen Zeitplan, um pünktlich ein gemeinsames Ergebnis vorlegen zu können,
- arbeiten intensiv (lesen, schreiben, denken, diskutieren miteinander),
- schauen sich kritisch Ihre Zwischenergebnisse an und helfen und bewerten sich einander,
- einigen sich über die Form der Präsentation und
- legen spätestens jetzt den Präsentator fest – vielleicht dürfen ja alle, meistens sollen nur ein oder zwei das Gesamtergebnis präsentieren. Das setzt eine intensive Mitarbeit in der Gruppe mit einem regen Gedankenaustausch voraus: Damit Sie in der Lage sind, auch über die Sachverhalte zu sprechen, die Ihnen die anderen Gruppenmitglieder zugearbeitet haben.

6.1.2 Eine produktive Arbeitsatmosphäre stiften

Gruppenarbeit funktioniert nur, wenn Sie neben diesen sachlichen Regeln auch soziale Regeln der Mitarbeit einhalten:

- Sie helfen sich gegenseitig und machen sich Mut.
- Sie akzeptieren die Meinung der anderen und versuchen sie zu verstehen.
- Sie vermeiden persönliche Angriffe und Beleidigungen.
- Sie sprechen Probleme offen an: keine unnötige Ablenkung zulassen, Aufgaben konzentriert erfüllen.

Manchmal bewirkt ein kleiner Witz an der richtigen Stelle auch Wunder: Er belüftet den Geist und löst den Arbeitsstress.

6.1.3 Auswertung von Gruppenarbeit

Wollen Sie sich individuelles Feedback geben, wie gut jeder einzelne war, wie intensiv er mitgemacht hat?

- Schreiben Sie sich gegenseitig Briefe.
- Geben Sie sich gegenseitig Punkte.
- Setzen Sie Pfeile auf einer Scheibe.
- Beantworten Sie (selbsterstellte) Fragebögen ...

Beispiele dazu finden Sie auf der folgenden Seite.

Gruppenarbeit lebt von einer von allen anerkannten Zielstellung (der Lösung eines bestehenden Problems). Der Arbeitsprozess stiftet das Gefühl für die Gemeinschaft. Sie lernen die individuellen Stärken und Schwächen der Gruppenmitglieder sehen und machen diese bei guter Organisation für Ihre gemeinsame Zielstellung nutzbar.
Unterschiedliche Interessen und Vorstellungen vom zu erreichenden Ziel, aber auch Differenzen über den Sinn der zu lösenden Aufgabe können Gruppenarbeit behindern und sollten ausdiskutiert werden (vgl. Kap. 4), bevor die Gruppe in Einzelkämpfer zerfällt.

Beispiele: Bemerkungen während des Arbeitsprozesses – und Ihre Wirkung:

Gegenseitige Rückendeckungen sind wichtig

Solche Äußerungen sind sinnvoll:	Solche Äußerungen wirken störend:
Das ist eine gute Idee!	*Bis du mal was kapierst!*
Ich bin da ganz anderer Ansicht.	*Mensch, komm doch mal zur Sache!*
Klaus, was meinst du dazu?	*Denken ist eben Glückssache!*
Kannst du das mal erläutern?	*Machst du überhaupt mal was?*
Ich möchte Pias Ansicht unterstützen.	*Du störst, merk dir das!*
Ich finde, wir drehen uns im Kreis.	*Hurra, Tim hat was kapiert!*
Ich möchte mal zusammenfassen ...	*Du bist doch ein Blödmann!*

Beispiel Scheiben zur Auswertung von Gruppenarbeit

Beispiel für sinnvolle Fragen in einem Fragebogen

Damit bin ich ...	*zu-frieden*	*Teils/ teils*	*Nicht zufrieden*	*Bemerkungen*
mit der Zusammenarbeit *mit unserer Vorgehensweise* *mit den Umgangsformen* *mit dem Arbeitsergebnis*				
Inwieweit wurde das nachfolgende Verhalten gezeigt?	*ja*	*Teils/ teils*	*nein*	*Bemerkungen*
Hat sich jeder in der Gruppe bemüht, mitzumachen? *Konnte jeder seine Gedanken einbringen?* *Haben alle aufmerksam zugehört?* *Wurde fair und freundlich miteinander diskutiert?*				
Die Arbeitsaufgabe wurde ...	*ja*	*Teils/ teils*	*nein*	*Bemerkungen*
nie aus den Augen verloren *eingehend besprochen und bearbeitet* *straff und durchdacht erledigt* *von Lehrerseite gut vorbereitet*				

6.1.4 Thema für ein Rollenspiel

Beispiel für Gruppenarbeit: Rollenbilder Mann / Frau

Diese Frage ist so alt, wie die Menschheit selber: wie verhalten sich Mann und Frau, gibt es Gemeinsamkeiten oder Unterschiede, welche Erwartungen möchten und haben sie zu erfüllen, ergeben sich daraus innere Konflikte, wie bringt mann/frau sie zur Sprache? Dieses Thema gibt Ihnen die Möglichkeit, über eigenes Rollenverständnis in der Familie nachzudenken und sich möglicher Vorurteile bewusst zu werden.

Der „fleißige" Ehemann

Als Uschi von einer Kur zurückkehrte, betrat sie den Bahnhof, wo Hans sie mit Blumen abholte. Nach der herzlichen Begrüßung berichtete er ihr aufgeregt von einer Überraschung, die er für sie habe. Als sie zu Hause ankam, präsentierte er ihr stolz die saubere Wohnung und wartete grinsend und erwartungsvoll auf ihr Lob. Sie lächelte schwach, drehte sich um und ging ohne ein dankendes Wort zu sagen aus dem Raum. Hans war außer sich und verstand die Welt nicht mehr. Schließlich hatte er doch für sie extra gesaugt, abgewaschen, Wäsche gewaschen und geputzt. Enttäuscht und wütend ging er zu Uschi, um seinem Ärger Luft zu machen. Uschi blieb ruhig, hörte sich alles schmunzelnd an und antwortete dann: „Und was war mit der Woche davor und der davor? Hab ich da von dir jemals besondere Anerkennung erhalten?" (Franziska und Janine)

Denkbares Vorgehen:

- *Überlegen Sie sich, wie Sie zu zweit die Hausarbeit verteilen wollen.*
- *Erarbeiten Sie sich die literarisch notierten Gedanken der beiden Schüler.*
- *Inszenieren Sie das Gespräch.*
- *Sprechen Sie anschließend über Ihre Erfahrungen und Erlebnisse.*
- *Inwieweit sind diese Erfahrungen in den Köpfen bereits als Vorurteil verfestigt (Was ist ein Vorurteil?)?*
- *Wie reagiert man am besten auf solche Vorurteile?*

Hinweis: Jede Inszenierung bedarf der Übernahme von Rollen und ihrer Erarbeitung in einem gemeinsamen Suchprozess: Was soll ich spielen oder sagen, wie soll ich das spielen, warum soll ich das spielen. Bilden Sie also mindestens zwei Gruppen und eine Beobachtergruppe. Wollen Sie eine Wettbewerbssituation herstellen, dann lassen Sie doppelt inszenieren, also von zwei mal zwei Gruppen und Beobachtergruppe.

Nur wer sich selbst etwas erarbeitet hat, im Bündnis mit den anderen, der beherrscht das Neue am Ende wirklich.

6.2 Projektarbeit

Projekte sind Arbeitsvorhaben, die die Mitarbeit mehrerer Teilnehmer sowie Kenntnisse auf unterschiedlichen Wissensgebieten erfordern. Sie versuchen, während des gemeinsamen Arbeitsprozesses ein Problem zu lösen, das im Berufsleben immer wieder auftreten kann. Dabei erwerben Sie sich schon während der Berufsausbildung eine Vielzahl von Erfahrungen und Fähigkeiten (Kompetenzen), die Sie im Berufsalltag anwenden können.

6.2.1 Kennzeichen eines Projektes im schulischen Rahmen

Anforderungen an ein Projekt

- Sie bearbeiten ein Problem von gesellschaftlicher Bedeutung (Umweltschutz beispielhaft praktizieren, konkretes Marketingkonzept entwickeln, Unternehmensgründung simulieren, Werbekampagne ausprobieren u.ä.).
- Sie entwickeln daran Ihr individuelles Interesse.
- Sie verwenden Kenntnisse und Fertigkeiten aus verschiedenen Fächern (Deutsch, Mathematik, Informatik, Wirtschaftskunde, BWL, usw.).
- Der dafür nötige Arbeitsprozess findet auch außerhalb der Schule statt, z.B. wenn Experten zu einem bestimmten Thema befragt werden sollen oder ein geeigneter Standort für eine betriebliche Neugründung ausgesucht werden soll usw.

6.2.2 Grundlagen für den Projekterfolg

Ein Projekt ist nur dann erfolgreich, wenn alle Teilnehmer konsequent auf das beabsichtigte Ergebnis hinwirken. Dem Arbeitsprozess liegt das Modell der vollständigen Handlung zugrunde:

Handlungsschritte:	Konkrete Hinweise:
Informieren: ↓	▪ über die konkrete Projektidee, über das Ziel, die Interessen der Mitarbeiter, usw. ▪ Was ist zu tun?
Planen: ↓	▪ Mit welchen öffentlichen Einrichtungen und Personen muss man Kontakt aufnehmen ▪ Wer macht was?
Entscheiden: ↓	▪ Welche Arbeitsmethode ist die sachlich richtige? ▪ Zu welchem Termin müssen welche Zwischenergebnisse vorliegen?
Ausführen: ↓	▪ Recherchieren vor Ort, im Internet, in Bibliotheken (vgl. Kap.3) ▪ Experten befragen ▪ Entwurf von Werbematerial o.ä. Produkten
Kontrolle: ↓	▪ Entsprechen die Arbeitsergebnisse der Zielstellung und den individuellen Vorstellungen?
Auswertung:	▪ Wird der Zeitplan eingehalten? ▪ Präsentation der Ergebnisse

a) Information

Idee und Ziel verstehen

Projekte bedeuten ein sehr komplexes Arbeitsvorhaben. Sie sollten sich vorab über die thematische Breite der Zielstellung verständigen, z.B. über Brainstorming, Mind-map o.ä. (vgl. Kap2).

Beispiel: Entwicklung eines Marketingkonzeptes

b) Planung

Effektiv planen

- Bestimmen Sie in Ihrer Gruppe den Projektleiter und einen Stellvertreter.
- Stellen Sie einen Arbeitsplan auf, der inhaltlich ausweist: Projektthema, Grobgliederung, namentliche Zuordnung der einzelnen Projektaufgaben, zeitliche und räumliche Festlegungen.
- Projektarbeit bedeutet Teamarbeit, legen Sie also terminlich regelmäßige Absprachen innerhalb der einzelnen Gruppe fest, mit möglichen gegenseitigen Kurskorrekturen:
- Z.B. ist täglich zum Ende des Projekttages von jeder Arbeitsgruppe ein Arbeitsprotokoll und eine Anwesenheitsliste beim betreuenden Fachlehrer abzugeben.

6.2.3 Projekte im betrieblichen Rahmen

Projekte als Innovationen im Betrieb

Ein großer Teil der Projekte, die Sie als Azubi zu bewältigen haben, ist von Lehrerhand bereits gut vorbereitet; entsprechend erhalten Sie klare Arbeitsanweisungen. Ihnen bleibt nur noch die Organisation und Durchführung des Ganzen in eigener Verantwortung. Anspruchsvoller wird es, wenn Sie im Berufsalltag auf die Marktsituation, z.B. mit einer Sonderveranstaltung, reagieren wollen. In diesem Fall werden Sie von der Projektidee bis zu Ihrer Realisierung alle Arbeitsschritte eigenverantwortlich absolvieren.

a) Die Unternehmensleitung von meiner Idee überzeugen

Die folgende Tabelle enthält Hinweise, wie Sie als Mitarbeiter Mitstreiter gewinnen und die Unternehmensleitung von Ihren Projektideen überzeugen können:

Mitstreiter gewinnen

Der rote Faden	Logischer Aufbau	(Sprachliche) Verpackung
1. Problem nennen: wie ist die Situation, welche Fragestellung ergibt sich, wie ist sie zu lösen?	*Tatsachen*	Bilder, Grafiken
2. Die negativen Auswirkungen eines Problems, veranschaulicht am konkreten Beispiel.	*Schwierigkeiten*	In Bildern sprechen (Metaphern, Vergleiche, Verben und Adjektive)
3. Geben Sie die Richtung der Lösung an: allgemeine Ziele, nennen Sie mögliche positive Ergebnisse, zeigen Sie möglichen positiven Nutzen.	*Vorschlag*	Telegrammstil, Schlagzeilen
4. Geben Sie Wahlmöglichkeiten (konkrete Lösungsvorschläge) vor und zeigen Sie deren Vorteile auf!	*Folgen des künftigen Handelns vorwegnehmen*	Mit rhetorischen Figuren Verständnis zeigen Ängste, Befürchtungen vorwegnehmen, Wissen der Zuhörer ansprechen
5. Sagen Sie, was zu tun ist.	*Schlussfolgerung*	Aufforderungssätze

b) Checkliste:

1. Unternehmensleitung und sonstige Verantwortliche im Betrieb entscheiden über die Themenstellung, den Termin und die Dauer der Sonderveranstaltung bzw. der Projekte.
2. Planung der einzelnen Aktivitäten im Rahmen dieser Sonderveranstaltung.
3. Kontaktaufnahme mit Zulieferern, potenziellen Kunden, Dienstleistern usw.
4. zeitlichen Ablauf im Detail festlegen
5. Durchführung des Projektes: (vgl. 6.2.2)
   - Welche Ziele und Teilziele gibt es im Einzelnen?
   - Welche Arbeitsabläufe sind erforderlich?
   - Umsetzung des Vorhabens
   - Bewertung des Erfolges

6. Auswertung:
   - von Umfragen unter Kunden oder Mitarbeitern
   - Mitteilung an die Presse
   - jegliche Formen der Dokumentation

Ein Projekt ist eine Herausforderung für alle Beteiligten. Es durchbricht die Routine des Arbeitsalltages, sorgt für Aufmerksamkeit bei den Kunden und vermittelt viele Erfahrungen, die den eigenen beruflichen Werdegang voranbringen.

6.3 Die Präsentation

Die Ergebnisse präsentieren

Die Ergebnisse von Projekten werden vorgestellt, entweder schriftlich oder mündlich.

Die kommunikative Situation ist eindeutig:

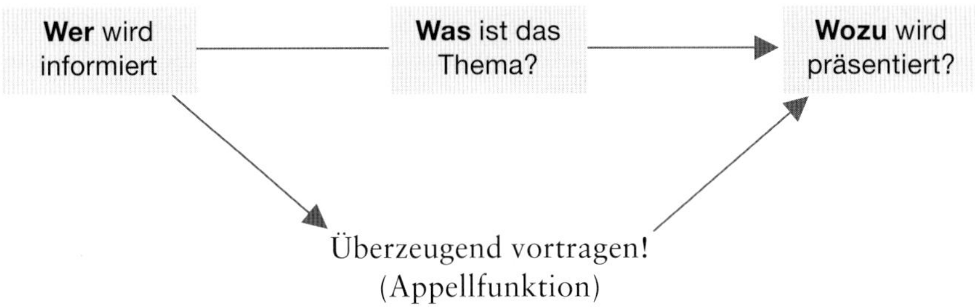

6.3.1 Im Vortrag überzeugen

Aufmerksamkeit erzeugen

a) Checkliste Vorbereitung:
- Welches **Ziel** habe ich?
- Vor **wem** spreche ich (Publikum)?
- **Was** will ich mitteilen (Thema)?
- Wie viel **Zeit** habe ich?
- Welche **Medien** will ich verwenden, um meine Gedanken zu veranschaulichen?

b) Der rote Faden

Arbeitergebnisse vorstellen

Beantworten Sie den Zuhörern folgende Fragen:
- Worin bestand das Problem?
- Wie haben Sie in der Gruppe versucht, es zu lösen?
- Welche Ergebnisse liegen vor?

c) Überzeugend auftreten

Gedanken überzeugend herausstellen

- **Veranschaulichen** Sie Ihre Gedanken durch Bilder, sprachliche Wendungen, Beispiele, Diagramme, Skizzen, spannenden Aufbau Ihrer Gedanken.
- Setzen Sie die gewählten Medien gezielt ein:
  - ⇨ Mit Worten ankündigen
  - ⇨ Zeigen und beschreiben
  - ⇨ Erklären
  - ⇨ Zusammenfassen: was ist zu sehen, welche Schlussfolgerung lässt sich ziehen?
  - ⇨ **Also: Zeigen** – drehen – **zum Publikum sprechen**
- Achten Sie auf Ihre Körpersprache:
  - ⇨ Seien Sie freundlich, halten Sie Blickkontakt, seien Sie positiv motiviert,
  - ⇨ sprechen Sie langsam und deutlich: Sie haben etwas Wichtiges zu sagen!
  - ⇨ Machen Sie PAUSEN, die Zuhörer müssen das Gesagte verarbeiten können.
  - ⇨ Lassen Sie Fragen zu und beantworten Sie diese.
  - ⇨ Passende Kleidung tragen.
  - ⇨ Passende Mimik und Gestik zeigen: z.B. offene Hände, gezielte Bewegung der Arme.

6.3.2 Projektmappen

Schriftliche Dokumentation

In der Berufsausbildung werden häufig schriftliche Dokumentationen des Arbeitsprozesses und seiner Ergebnisse verlangt. Die Projektmappe sollte entsprechend verständlich gegliedert sein:

- ✓ Deckblatt mit Thema, Fach, Teilnehmern
- ✓ Inhaltsverzeichnis
- ✓ Ziele des Projektes
- ✓ Vorgehen und Zeitplanung, Verantwortlichkeiten
- ✓ Erkenntnisse und Ergebnisse (Briefe, Anzeigen, Werbematerial, Abbildung von Produkten usw.)
- ✓ Literaturverzeichnis

Beispiel Thema Marketing:
Inhaltsverzeichnis einer Projektmappe

Dokumentation der Ergebnisse: Brief

Einladung

Sehr geehrte Damen und Herren,
wir laden Sie recht herzlich zur Neueröffnungsfeier am 24.07.2005 im Schloss Prötzel ein, wo wir Sie mit einem reichhaltigen Frühstücksbüfett und einem Glas Champagner begrüßen möchten. Sie können auch gleich eines unserer romantisch gestalteten Zimmer reservieren und unseren Fitness- und Wellnessbereich sowie die vielseitigen Outdoor-Aktivitäten nutzen. Wir würden uns freuen, Sie bei uns willkommen zu heißen und Sie mit unseren Verwöhnprogrammen von unserem Haus überzeugen zu können.
Sie finden uns: Schlosshotel Prötzel, Dorfstr. 1, 15345 Prötzel

6.3.3 Möglichkeiten der Präsentation in der Berufsausbildung

Weitere Formen der Berichterstattung

- Schriftliche Produkte: z.B. Collagen, Wandzeitungen, Mappen usw.
- Handlungsorientierte Produkte: z.B. Planspiel, Experiment, Spiele jeglicher Art,
- Vorführungen: z.B. Diavortrag, Videofilm, Referat mit anschließender Diskussionsrunde, Lesung

Präsentationen sind eine Form der Berichterstattung. Sie geben Auskunft über Ihre Arbeitsleistungen, Ihr Engagement und den dazugehörigen Erfolg. Stellen Sie sich souverän dar.
Verwenden Sie auf die Vorbereitung und Durchführung der Präsentation genauso viel Aufmerksamkeit wie für das Projekt selbst – es ist eine Form der Eigenwerbung, der Selbstpräsentation.

7 Die Facharbeit

Sie erfahren,
- wie Sie den Arbeitsumfang planen,
- wie Sie Inhalt und Struktur organisieren,
- welche sprachlichen Fehlerquellen zu vermeiden sind,
- wie Ihre Facharbeit einen guten äußeren Eindruck hinterlässt.

Erwartungen an eine Facharbeit

Selbstständigen Wissenserwerb dokumentieren

Die Facharbeit ist eine umfangreichere Abhandlung zu einer – z.B. beruflichen – Themenstellung, über die Sie sich selbstständig eine Menge Wissen aneignen und anschließend Ihre Erkenntnisse geordnet aufschreiben.
In jedem Fall suchen Sie beim Schreiben selbstständig nach einer Lösung zu einer vorgegebenen Problemstellung, das Thema ist dabei meist so umfangreich, dass die Arbeit in der Regel 10 – 20 Seiten umfasst. Der damit verbundene Schreibprozess verlangt Ausdauer und Konzentration und erfordert eine ganze Reihe von Arbeitstechniken: von der Themenerfassung über den Wissenserwerb bis hin zur Sortierung des Wissens und seiner verständlichen Darstellung.
Zunächst deshalb einige Hinweise, wie Sie den Schreibprozess zeitlich überblicken können. Anschließend werden die Anforderungen in inhaltlicher, sprachlicher und formaler Hinsicht dargestellt und am Beispielthema „*Mitarbeiter in einem gastronomischen Betrieb*" veranschaulicht.

7.1 Den Überblick behalten

Der Schreibprozess lässt sich in drei Phasen untergliedern: Vor dem Schreiben sammeln Sie Informationen, während des Schreibens strukturieren Sie diese und nach dem Schreiben überarbeiten Sie das Notierte und verbessern eingeschlichene Fehler.

Vor dem Schreiben:
- Klären Sie die Themenstellung:
  - Wie heißt das Thema?
  - Welche Hinweise werden gegeben?
  - Worüber muss ich mich informieren und entsprechend Literatur und Materialien suchen?
    Antworten in Mind-maps o.ä. übersichtlich festhalten (siehe Kap. 2).

- Sammeln Sie alle nötigen Informationen:
  - Suchen in Büchern und im Internet (Vgl. Kap. 3)
  - Gefundene Texte nach der 5-Schritt-Lesemethode bearbeiten (vgl. Kap. 2)
  - Literaturangaben nicht vergessen.

Während des Schreibens:

Wissen wiedergeben

- Entwerfen Sie aus Ihrer Materialsammlung eine Gliederung. Orientieren Sie sich dabei an der Aufgabenstellung.
- Formulieren Sie die einzelnen Gliederungspunkte in Sätzen aus.

Nach dem Schreiben:

Ist alles verständlich geschrieben?

- Überprüfen Sie die Reihenfolge Ihrer geschriebenen Abschnitte: Wirkt etwas unverständlich? Dann müssen Sie die Abfolge Ihrer Gedanken ändern oder etwas ergänzen bzw. streichen.
- Überarbeiten Sie den Ausdruck.
- Überprüfen Sie die sprachliche Richtigkeit (Rechtschreibung, Grammatik).
- Erfüllen Sie die formalen Anforderungen an eine Facharbeit (Deckblatt, Literaturverzeichnis usw.).

Keine Arbeit ist so gut, dass man sie nicht verbessern könnte.

Behalten Sie stets den Abgabetermin vor Augen. Folgender Zeitplan kann dabei helfen:

Die Zeit einteilen

Zeitraum	**Aufgabe**
	Gedanken machen über mögliche Inhalte, aufschreiben in einer Übersicht
	Wissen finden: Bücher suchen, Internet durchstöbern, Experten befragen
	Wissen herausschreiben, zitieren, Literaturangaben notieren
	Wissen sortieren
	Fachlehrer konsultieren
	Wissen aufschreiben, Schwerpunkt für Schwerpunkt (Hauptteil)
	Den Hauptteil Korrektur lesen: *Stimmt der Inhalt, ist das logisch,* *was wollen Sie eigentlich sagen?* *Schreibfehler tilgen*
	Gegebenenfalls Überarbeiten und sogar Neuschreiben
	Ist Anschauungsmaterial nötig? Einbinden in den Hauptteil oder als Anhang abheften.
	Einleitung überlegen und notieren: Was soll der Leser im Hauptteil erfahren?

	Zusammenfassung notieren: Was haben Sie gelernt, was soll sich der Leser merken?
	Literaturverzeichnis erstellen
	Inhaltsverzeichnis erstellen: Übernehmen Sie dazu die Überschriften Ihrer Schwerpunkte.
	Deckblatt erstellen
	Eidesstattliche Erklärung notieren und unterschreiben
	Alles heften und pünktlich abgeben

7.2 Inhaltliche Anforderungen an eine Facharbeit

Eine Facharbeit erfordert selbstständiges Denken und fordert Sie auf, wiederholt über ein Problem nachzudenken, sich tiefgründig mit den fachlichen Inhalten auseinander zusetzen und die dabei erarbeiteten Wissensbausteine gezielt zu ordnen. Jede Facharbeit hat folglich eine inhaltliche Struktur:

- diese finden Sie in einem Inhaltsverzeichnis, gleich nach dem Deckblatt, veranschaulicht.
- Danach wird das Schreibvorhaben einleitend vorgestellt,
- bevor im Hauptteil die Kenntnisse geordnet aufgeschrieben werden.
- Das Wichtigste wird anschließend zusammengefasst.

Einleitung, Hauptteil, Schluss

7.2.1 Das Wissen ordnen: Gliederung und Inhaltsverzeichnis

a) Die Gliederung

In der Gliederung erscheinen alle Schwerpunkte Ihres Themas in der für Sie sinnvollen Reihenfolge.

⇨ Orientieren Sie sich an der Themenstellung und Ihren dazu übersichtlich notierten Stichworten.

⇨ Nummerieren Sie diese einzelnen Stichworte jetzt durch.

Das Wissen gliedern

Beispiel einer Gliederung:

Kapitel	*1. Berufsbekleidung*	**= Überschrift**
Unterkapitel	*1.1 In der Küche* *1.2 Im Service* *1.3 Auf der Etage*	= Zwischenüberschriften
Kapitel	*2. Aufgaben im Service*	= Überschrift
Unterkapitel	*2.1 Vorbereitungsarbeiten* *2.2 Von der Reservierung bis zur Verabschiedung.*	= Zwischenüberschrift

Diese Gliederung ist Ihr roter Faden durch die Facharbeit. Machen Sie ihn **sichtbar:**

⇨ Durchnummerierte Überschriften und Zwischenüberschriften. Jeder größere, in Sätzen ausformulierte Text mit einer solchen Überschrift ist ein **Kapitel**, die dazugehörigen Teiltexte mit Zwischenüberschriften sind **Unterkapitel.**

⇨ Mitunter sind keine Unterpunkte nötig. Beginnen Sie dann auf einer neuen Zeile einen neuen Absatz, sobald Sie den nächsten Gedanken ausformulieren.

Nach dem Schreiben überprüfen Sie Ihre Gliederung noch einmal. Vielleicht haben Sie sich geirrt und Kapitel 3 gehört logisch doch vor Kapitel 2: So etwas sehen Sie zuweilen erst beim Ausformulieren der Gedanken. Dann verändern Sie Ihre Gliederung!

b) Das Inhaltsverzeichnis

Der Inhalt auf einen Blick

Kurz vor Abgabe der Facharbeit erstellen Sie aus der Gliederung das **Inhaltsverzeichnis:**

⇨ Sie listen alle Gliederungspunkte (Kapitelüberschriften und –zwischenüberschriften) linksbündig auf,

⇨ und ergänzen dazu die betreffende Seitenzahl, d.h. die Seite, auf der ein neues Kapitel oder Unterkapitel beginnt.

Beispiel Inhaltsverzeichnis

Ein Inhaltsverzeichnis besteht aus einer durchnummerierten Gliederung und den dazugehörigen Seitenangaben Ihrer Facharbeit. Kapitelüberschriften und Zwischenüberschriften müssen mit den Angaben im Inhaltsverzeichnis eindeutig übereinstimmen, genauso wie die Seitenzahlen.

7.2.2 Die Einleitung

In der Einleitung machen Sie den Leser mit Ihrem Thema bekannt.

Ziel benennen

- Welche Fragestellung wollen Sie mit Ihrer Facharbeit beantworten? Wollen Sie z.B. wissen, welche Anforderungen Sie in Ihrem Beruf zu erfüllen haben oder wie bestimmte Arbeitstechniken ablaufen? Oder wollen Sie sich einen sachlichen Überblick über ein Thema verschaffen oder nur die eigene Berufswahl überprüfen?
- Aus welchen Gründen gliedern Sie Ihren Hauptteil in der im Inhaltsverzeichnis angegebenen Reihenfolge?
- Vielleicht ergibt sich ein interessanter Teilaspekt, auf den Sie in der Einleitung besonders hinweisen möchten.

Machen Sie den Leser neugierig und wecken Sie sein Interesse: Benennen Sie z.B. sein mögliches Vorwissen zum Thema oder gehen Sie von eigenen Erfahrungen oder Erlebnissen zum Thema aus bzw. vom aktuellen Anlass Ihrer Schreibarbeit.

Und das müssen Sie tun:

Aufbau einer Einleitung	**Das macht den Leser neugierig, z.B.:**
⇨ Benennen Sie das Thema Ihrer Facharbeit. ⇨ Benennen Sie Ihr Interesse an diesem Thema und setzen Sie die inhaltlichen Schwerpunkte. ⇨ Sagen Sie gegebenenfalls, wie Sie methodisch vorgehen. ⇨ Notieren Sie einen Überleitungssatz, um den Hauptteil zu beginnen.	▪ Zwei gegensätzliche Meinungen vorstellen. ▪ Eine provozierende These aufstellen. ▪ Eine Karikatur vorstellen. ▪ Eine Anekdote, einen Witz voranstellen. ▪ Mit einer rhetorischen Frage beginnen.

Im folgenden **Beispiel** einer Einleitung zieht der Schüler den Bogen über die gastronomische Tradition der Antike bis zur Gegenwart. Damit beschreibt er seinen Blick auf das Ganze, in das er sich als angehender Restaurantfachmann künftig einbringen möchte. Was er dazu alles zu beachten hat, will er in der Arbeit darstellen.
„Die Wurzeln für einen gastronomischen Betrieb sind bereits in der Antike, und zwar mit der Herausbildung bestimmter Handwerkszweige und Dienstleistungen einschließlich organisierter Arbeitsteilung, zu finden. Mit der sich rasant entwickelnden Technisierung im 19. Jahrhundert, die einige Handwerkszweige industrialisierte, hielten zwar auch neue Techniken Einzug in der Gastronomie, aber die handwerkliche Tätigkeit sowie die „Anfertigung auf Bestellung" überwiegen auch heute. Das macht den Reiz des Gewerbes aus. Gepflegte Atmosphäre, gutes Ambiente sowie hoher lukullischer Genuss wurden nicht nur in der Antike, sondern werden bis in die heutige Zeit geschätzt und gewürdigt. In dieser Facharbeit wird dargestellt, welche grundlegenden Kriterien ein Mitarbeiter in einem gastronomischen Betrieb beachten und erfüllen sollte, um ästhetischen Erwartungshaltungen zu genügen. Nicht betrachtet wird hier der gesamte Hotelbetrieb." (Lars)

Die Qualität Ihrer Einleitung zeigt an, wie souverän Sie mit Ihrem Thema gedanklich umgehen: ob Sie ein eigenes Interesse am Thema haben oder, im Hauptteil, fremdes Gedankengut einfach aneinander reihen.

7.2.3 Der Hauptteil

Im Hauptteil wird, Kapitel für Kapitel systematisch geordnet, das Wissen dargestellt. Jedes Kapitel kann in sich nochmals unterschiedlich aufgebaut sein: Sie können erklären, beschreiben, argumentieren, Überblicke und Einblicke geben.
Sie sollten deshalb im ersten Satz eines Kapitels sagen, worum es geht und im Schlusssatz die wichtigsten Ergebnisse zusammenfassen.

Reihenfolge der Gedanken im Kapitel

Und das müssen Sie tun:

Aufbau eines Kapitels	Erläuterung	Erkennungszeichen
Einleitender Satz	- Worum geht es? - Warum gerade diese Reihenfolge?	Kapitelüberschrift und erster Satz
Hauptteil des Kapitels	- Z.B. Überblicke geben und ausgewählte Sachverhalte darstellen - Fachbegriffe erklären - Personen, Gegenstände, Räume usw. beschreiben - Entscheidungen fällen, argumentieren	Untergliedert in Zwischenüberschriften und Absätze

Schlusssatz	- Zu welchem Ergebnis kommen Sie? - Welche Zusammenhänge sollte man beachten?	1-2 Sätze

- Einleitende und zusammenfassende Sätze lenken die Aufmerksamkeit des Lesers.
- An den einleitenden und abschließenden Worten lässt sich erkennen, wie durchdacht das Kapitel ist.
- Gelungene Zusammenfassungen beinhalten deshalb meist auch den Übergang zum nächsten Kapitel und damit den Gedanken für den dazu gehörenden Einleitungssatz.

a) Was heißt: Vom Überblick ins Detail?

Vom Allgemeinen zum Konkreten

Manch inhaltlicher Schwerpunkt ist so umfangreich, dass Sie sich in dem betreffenden Kapitel auf einzelne Aspekte beschränken müssen. Z.B. können Sie unmöglich alle Aufgaben eines Mitarbeiters im gastronomischen Betrieb darstellen. Deshalb reicht es aus, wenn Sie den Umfang des Themas mit allgemeinen Worten übersichtlich skizzieren und dann ein spezielles Detail mit wichtigen Einzelheiten näher vorstellen.

Hier als **Beispiel** eine entsprechende Gliederung für das Kapitel „*Aufgaben einer Restaurantfachfrau*“:

⇨ Einleitung	- *Generelle Aufgaben in der Gastronomie* - *Unterschiedlich für Köche, Restaurant- und Hotelfachleute, Kauffrauen und Fachkräfte ...* - *Gewählte Berufsrichtung Refa, deshalb Konzentration auf Arbeit in Gegenwart des Gastes*
⇨ Hauptteil	- *Die Tischreservierung* - *Eintreffen der Gäste* - *Aufnahme der Bestellung und Bedienung* - *Abrechnung und Verabschiedung der Gäste*
⇨ Zusammenfassung	- *Welcher Eindruck wird beim Gast hinterlassen, welche Folgen hat das für die Restaurantfachfrau und für den Betrieb?*

b) Was heißt: Erklärung von Fachbegriffen?

Fachbegriffe erklären

Alle in Ihrem Beruf verwendeten Gegenstände, Materialien, Vorgänge, Arbeitsabläufe usw. werden speziell bezeichnet, durch Fachbegriffe. Bestimmte Arbeitsbedingungen fasst man zum Beispiel unter dem Begriff Ergonomie, das Arbeitsmaterial für den Restaurantfachmann im Service heißt Kellnerbesteck oder Handwerkszeug. Was der Laie, der Sie am Anfang Ihrer Ausbildung ja auch sind, darunter zu verstehen hat, das erklären Sie, und wenn möglich veranschaulichen Sie auch den Sinn und Zweck des betreffenden Arbeitsmaterials an einem Beispiel.

Ein **Beispiel** (verkürzt) für das Kapitel „Handwerkszeug im Service"

⇨ Einleitung	- *Das Handwerkszeug einer Refa besteht aus ...*
⇨ Hauptteil	- *Das Kellnerbesteck setzt sich aus einem Korkenzieher und einem Kugelschreiber o.ä. zusammen. Damit öffnet man Weinflaschen, schneidet die Kapsel ab und entkorkt die Flaschen. Ein wackelnder Tisch wird mit Unterlegscheiben aus Kork stabilisiert. Streichholzpackungen und Zigarrenabschneider mit Feuerzeug benutzt man im Service für die Raucher. Zum Notieren der Bestellungen verwendet man Kugelschreiber und Kellnerblock, man sollte immer Ersatzkugelschreiber dabei haben, falls dem Original mal die Mine ausgeht. Um sich beim Tellertragen nicht den Arm zu verbrennen, legt man sich eine Handserviette auf den Unterarm. Mit der Kellnerbörse kassiert man den Gast ab. Letzte Krümel auf seinem Tisch werden mit einer Handbürste beseitigt.*
⇨ Zusammenfassung	- *Nur komplett vorliegendes Handwerkszeug ermöglicht einen reibungslosen Ablauf des Service und sichert damit die Zufriedenheit der Kunden.*

Details beschreiben

c) Was heißt: Beschreiben von Personen, Gegenständen o.ä.?

Wie sieht meine Berufsbekleidung aus, wie laufen grundlegende berufliche Arbeitsprozesse ab, woran erkenne ich die dafür benötigten Hilfsmittel, wie richte ich mein Büro ein...? Alle diese Fragen geben Anlass zu einem Kapitel „Beschreibung" in Ihrer Facharbeit.

Die Struktur einer solchen Beschreibung variiert je nach Beschreibungsobjekt:

Personen	– Diese beschreiben Sie in der logischen Abfolge Ihres Blickes: erst das Äußere (von Kopf bis Fuß), dann das Innere (Umgangsformen, Denkweisen) der Person.
Gegenstände	– Beschreiben Sie ihre Funktion und ihren Aufbau.
	– Wie bei einer Kamera fahren Sie von weit weg immer dichter heran und reduzieren damit die Perspektive:

	– Geometrisches Aussehen, Einzelteile, die für den Arbeitsprozess wichtig sind *(verschiedene Küchenmesser unterscheiden sich in ihrer Form und Klingengestalt zwecks schneiden verschiedener Materialien* – diese Unterschiede müssen Sie herausfinden und kennzeichnen).
Arbeitsabläufe	– Beschreiben Sie den zeitlichen Ablauf der zu verrichtenden einzelnen Tätigkeiten. – Bindeworte der Zeit wie *zuerst, als erstes, als zweites anschließend, danach, dann, nachdem, bevor* kennzeichnen die korrekte Reihenfolge der einzelnen Arbeitsschritte.
Bilder	– Räume beschreiben Sie wie einen Blick auf ein Bild, vom Zentrum zur Peripherie. – Ortsangaben wie *links / rechts, daneben, an der linken / rechten Wand, im Zentrum, gegenüber der Tür / dem Fenster, unter der Arbeitsplatte, oberhalb* der Tür ermöglichen dem Leser ein genaues räumliches Vorstellungsvermögen.

Lenken Sie das Auge des Lesers wie bei einer Kamera. Je mehr Ihre Gedanken springen, desto weniger sieht der Leser am Ende das Objekt Ihrer Betrachtung vor sich.

d) Was heißt: Entscheidungen fällen, argumentieren?

Gelegentlich müssen Sachverhalte auch begründet oder Entscheidungen getroffen werden. Dafür können Sie die lineare bzw. die abwägende (dialektische) Argumentation nutzen (siehe S. 50 f.) Entscheiden Sie in Abhängigkeit von der Themenstellung, ob für diese Argumentation ein eigenes Kapitel nötig ist oder ob Sie argumentierende Elemente in eine Sachdarstellung einfügen können.

Darstellung von Sachverhalten, Erklären, Beschreiben, Argumentieren sind Grundtypen, nach denen Kapitel inhaltlich strukturiert werden können. Sie erleichtern Ihnen das systematische Aufschreiben Ihres Wissens im Hauptteil – und dem Leser das Verstehen der Gedanken.

7.2.4 Die Zusammenfassung

Erkenntnisse festhalten

Die Zusammenfassung ist so etwas wie ein Merksatz am Ende einer Unterrichtsstunde, nachdem man sich lang und breit über ein Thema unterhalten hat:

- Welche Erkenntnisse haben Sie gewonnen?
- Welche Lösung haben Sie für Ihr Problem gefunden?
- Welche Antworten haben Sie gefunden?
- Haben Sie im Hauptteil Ihrer Facharbeit erreicht, was Sie sich einleitend vorgenommen haben?

Das notieren Sie jetzt. Die Kerngedanken dazu entnehmen Sie den jeweils letzten Sätzen Ihrer einzelnen Kapitel. Abschließend können Sie einen Ausblick geben:

- Sind noch Fragen offengeblieben?
- Ergeben sich daraus weitere Themen für eine Facharbeit?
- Wie ist Ihre persönliche Meinung zum Thema?

Und das müssen Sie tun:

Aufbau einer Zusammenfassung	**Hinweise**
▪ Finden Sie einen Einleitesatz, nehmen Sie dabei Bezug auf die Fragestellung Ihrer Einleitung.	Weisen Sie auf noch ungeklärte Fragen hin.
▪ Tragen Sie die Erkenntnisse der einzelnen Kapitel zusammen und verdeutlichen Sie deren Zusammenhänge in Bezug auf die Aufgabenstellung.	Bewerten Sie das Thema aus Ihrer Perspektive.
▪ Ziehen Sie eine Schlussfolgerung: Ist das Problem geklärt, die Frage beantwortet? Notieren Sie ggf. Ihre eigene Meinung.	Geben Sie Ausblicke.

Die Qualität Ihrer Zusammenfassung ist ein Zeichen für Ihr selbstständiges logisches Denkvermögen: Zeigen Sie, dass Sie einen Spannungsbogen ziehen, ein Problem in all seinen Zusammenhängen verständlich darstellen können. Eine gute Zusammenfassung braucht deshalb häufig mehrere Anläufe. Schließlich müssen Sie auf Suche danach gehen, was Sie über dem Schreiben Ihrer Arbeit alles gelernt haben.

Beispiel einer Zusammenfassung

„In den vorstehenden Ausführungen konnte keinesfalls das Prinzip der Vollständigkeit erreicht werden. Durch Herausarbeiten von Schwerpunkten und an Hand von Beispielen wurde jedoch dargestellt, wie aufwändig guter Service in der Gastronomie ist. Einen anspruchsvollen Gast zufrieden zu stellen, bedeutet ein umfangreiches Aufgabenspektrum zu beherrschen und zu koordinieren. Dies wiederum erfordert umfangreiches, spezielles und fachlich kompetentes Wissen aller an diesem ‚Prozess' Beteiligten. Den unmittelbaren Kontakt mit dem Gast hat natürlich das Restaurantpersonal. Daher stand in dieser Facharbeit das Berufsbild mit seinen Anforderungen an das fachliche Wissen und Können, das handwerkliche Geschick, das Wissen über betriebswirtschaftliche Abläufe und gesetzliche Bestimmungen im Vordergrund. Jedoch sei hier darauf hingewiesen, dass an der Schaffung der materiellen Basis für eine zielsichere Arbeit dieser Berufssparte weitere Facharbeiter beteiligt sind, wie zum Beispiel der Koch. Nur wenn das komplette Team seinen Beruf beherrscht und strikte Disziplin übt, kann es gelingen, dass immer mehr Gäste es schätzen, wenn das Servicepersonal eine gastliche Atmosphäre schafft. Die Gäste sind dann auch bereit, für diese Leistung zu bezahlen." (Lars)

7.3 Sprachliche Anforderungen an eine Facharbeit

Jeder Berufsschüler hat seinen persönlichen Stil und nimmt gleichzeitig den sprachlichen Stil seines Arbeitsumfeldes in sich auf: Angehende Köche reden anders als auszubildende Bürokaufleute. Dazu kommen die Gewohnheiten der Umgangssprache, in Verbindung mit der Sprache von Funk, Fernsehen und Zeitungen. Im Idealfall beherrschen Sie je nach Anlass die jeweils passende Sprache.

sachlich darstellen

Eine Facharbeit verlangt den sachlich-darstellenden Stil. Der Autor schreibt in Sätzen unter Verwendung der Fachsprache, ohne dabei seine möglichen Leser anzureden. Je sicherer er fachlich mit seinem Thema vertraut ist, um so abwechslungsreicher wählt er seine Worte. Je besser er selbst versteht, worum es geht, um so einfacher formuliert er seine Sätze. Und da er an einem seriösen Dialog mit seinen Fachkollegen interessiert ist, kennzeichnet er fremdes Wortmaterial mit Gänsefüßchen, er zitiert.
Je häufiger Sie Facharbeiten schreiben, desto sicherer beherrschen Sie diese Sprache. Im Folgenden werden die Hauptprobleme benannt und Hinweise für den korrekten Stil gegeben.

7.3.1 Fehler vermeiden in der Grammatik und Rechtschreibung

a) Schreiben Sie in vollständigen Sätzen

ganze Sätze schreiben

Das ist inzwischen leichter gesagt als getan. In der Werbung begegnen Sie Schlagzeilen, Zeitungsmeldungen informieren zuerst mit Schlagzeilen und Wortgruppen. Die Facharbeit gibt zusammenhängende Darstellungen und Erklärungen von Sachverhalte. Dafür brauchen Sie vollständige Sätze, bestehend aus Subjekt-Prädikat-Objekt (siehe Merktafel auf der folgenden Seite); Stichworte und Wortgruppen sind also tabu.

b) Verknüpfen Sie die Gedanken

Zusammenhänge anzeigen

Um gedankliche Zusammenhänge anzuzeigen, stehen sowohl Worte als auch graphische Zeichen zur Verfügung.

Konjunktionen

Sollen größere Zusammenhänge dargestellt werden, so verbindet man mehrere – aber nicht zu viele – Sätze miteinander, häufig durch Konjunktionen. Denkbar sind folgende:

Gedanken aneinander reihen	*Und, sowohl ... als auch, sowie, gleichzeitig....*
Die Art und Weise benennen	*Wie, als, als ob, insofern ...*
Gründe	*Weil, da, zumal, denn, deswegen, darum, wegen ...*
Gegengründe	*Aber, obgleich, wenn, auch, trotzdem ...*
Bedingung benennen	*Wenn, falls, sofern, soweit, anderenfalls, sonst, es sei denn ...*
Ausschlüsse	*Entweder ... oder, anstatt ... zu, andernfalls*
Zeit	*Zuerst, dann, anschließend*
Ziel	*Damit*

graphische Zeichen

-	Zeigt Gegensätze an
:	Kündigt eine Erklärung oder Erläuterung an
(...)	Enthält ausschließlich Quellenangaben
[...]	Zeigt Auslassungen in Zitaten an
	Leerzeichen nach jedem Punkt, Komma, Semikolon und jeder abschließenden Klammer strukturieren typographisch den Text.

Merktafel: Sätze bauen

Merkmal	Beispiel
Einfache Sätze:	
Ein Satz besteht aus **Subjekt** + Prädikat + Objekt (+ Adverbialbestimmungen).	– *Das **Küchenpersonal** trägt eine schwarze Hose.*
Subjekt und Objekt können Attribute (nähre Erläuterungen) mit sich führen.	– eine schwarze Hose, – das männliche Küchenpersonal
Das Prädikat steht immer im Präsens (Gegenwart) und stimmt in Person und Numerus mit dem Subjekt überein:	– Das Küchenpersonal trägt, viele Köche tragen / der Stuhl steht am Tisch, die Servicekraft notiert die Bestellung.
Jedes Prädikat erzwingt ein ganz bestimmtes Objekt.	– *Man **trägt** die Kleidungsstücke im 4. Fall (Akkusativ),* – *man **hilft** dem Kellner im dritten Fall (Dativ) beim Tisch abräumen.*
Zum Problem werden Ortsangaben: Manche Prädikate verlangen je nach Fragewort den dritten (wo?) oder vierten (wohin?) Fall: Der richtige Fall lässt sich erfragen.	– Man **stellt** die Teller (im vierten Fall) auf den Tisch, weil man sie wohin? abstellt. – Die Vase **steht** schon (im Dativ) auf dem Tisch, weil man fragen kann, wo sie steht.
Zusammengesetzte Sätze	
Manch ein Zusammenhang lässt sich nur in zusammengesetzten Sätzen darstellen:	– *Damit die Gäste **wiederkommen, muss** das Servicepersonal stets höflich und freundlich sein.*
Im Hauptsatz steht das **Prädikat** vorn, im Nebensatz steht es hinten, der Nebensatz wird eingeleitet.	– *Weil der Koch sich nicht **verletzen soll, muss** er Schuhe mit Stahlkappen tragen.*
Die Reihenfolge von Nebensatz und Hauptsatz ist nicht festgelegt.	

Schlagen Sie im Notfall bitte nochmals in einer Grammatik oder im Duden nach.

Beispiel: Zusammenhang zwischen Hauptsatz und Nebensatz – welche Konjunktion passt dazu?

a) Man bewirtet ihn, ... er sich wohlfühlt.
b) Man verschafft ihm eine angenehme Atmosphäre, ...man die Kerzen anzündet.
c) .... auch am Wochenende einen Tag gearbeitet werden muss, ist in der kommenden Woche ein Tag freizugeben.
d) Auch außerhalb der Arbeitszeit sind die Betriebsgeheimnisse zu wahren, ... steht die Kündigung ins Haus.

Kommas richtig setzen

c) Wo muss das Komma stehen?

Kommas stiften Sinn, die dazugehörigen Kommaregeln sind vereinfacht worden. Fehlerquellen liegen bei den folgenden drei Regeln:

Die erste Regel lautet: Kommas stehen zwischen **Aufzählungen**. Spannend wird es, wenn in einem Satz mehrere Prädikate aufgezählt werden:

> *Er **wollte** die Facharbeit schreiben, **belas** sich dafür in Büchern, **notierte** sich alles Wichtige und **ordnete** es dann in einer sinnvollen Reihenfolge.*

Die zweite Regel besagt: Hauptsatz und **Nebensatz** werden durch Komma voneinander getrennt. Die Probleme entstehen in der Anwendung:

1. Wenn der Nebensatz vor dem Hauptsatz steht.

↓

*1. Damit der Leser meine Arbeit **versteht**, **halte** ich die Rechtschreibregeln ein. (NS-HS):*
Erkennungszeichen: **zwei Prädikate** nebeneinander beißen sich, trennen Sie diese deshalb durch ein Komma.

2. Wenn der Nebensatz mitten in einen Hauptsatz eingeschoben wird.

↓

*2. Die Facharbeit, **die** ich schreibe, umfasst ca. 20 Seiten.*
*Der Autor, **der** die Facharbeit schreibt, muss dabei einige Regeln beachten.*
Erkennungszeichen:
- vor dem **Einleitewörtchen** steht ein Komma.
- Der eingeschobene Nebensatz **endet mit einem Prädikat**; das beißt sich wieder mit dem nächst folgenden Prädikat, dazwischen gehört wieder ein Komma.

Die dritte Regel erfordert den genauen Blick: Es gibt Nebensätze, die keine richtigen Nebensätze sind, denn sie haben kein Prädikat. Man nennt sie auch **erweiterter Infinitiv mit zu**. Diese müssen nur noch dann durch Komma vom übrigen Satz abgetrennt werden, wenn auf ihn vorher hingewiesen wird.

- *Es wird **darauf** Wert gelegt, die Facharbeit auf sauberem Papier auszudrucken und gebunden abzugeben.*
- *Es wird nachdrücklich **darauf** hingewiesen, wörtlich übernommene Gedanken ordnungsgemäß zu zitieren.*
- *Man sollte sich viel Mühe mit einer solchen Arbeit geben (,) um Erfolg zu haben.*

Alle übrigen Kommaregeln schlagen Sie bitte im Duden nach, es würde hier zu weit führen, sie in ihren Feinheiten (Anreden, Zeitangaben usw.) aufzulisten.

d) Schreibung der s-Laute: daß oder dass?

das – dass?

Mit Einführung der neuen Rechtschreibung meinen die Azubis, das ß ist abgeschafft. Das ist ein Irrtum. Fehler schleichen sich häufig in folgenden Fällen ein:

❶ ß ist tatsächlich abgeschafft, wenn: der Nebensatz mit der **Konjunktion <u>dass</u>** eingeleitet wird.

↓

*Ich behaupte, **dass** die neue Rechtschreibung durchaus Vorteile hat.*
*Ich weiß, **dass** ich in meiner Arbeit richtig schreiben muss.*

⇨ *kann man* dass *nicht durch* welches *ersetzen, dann wird es mit Doppel -ss- geschrieben.*

❷ Nach lang gesprochenem Vokal steht der s-Laut als ß – nach kurz gesprochenem Vokal steht -ss:

↓

hei<u>ß</u>er Kaffee – Ta<u>ss</u>e Kaffe
auf Offener Stra<u>ß</u>e – in der Ga<u>ss</u>e

e) Groß- und Kleinschreibung

groß oder klein schreiben

Auch bei diesen Regeln zur Groß- und Kleinschreibung liegt das Problem mehr in der Anwendung: Sie müssen ein Substantiv oder eine **Substantivierung** erkennen, um es groß zu schreiben.
Man schreibt:

- Am Satzanfang groß: *<u>Früh</u> speisen wenige Gäste im Restaurant.*
- Nach Artikeln groß: *Ich bediene <u>einen</u> / <u>den</u> Gast.*
- Nach Präpositionen + Artikeln groß: *Das Besteck liegt bereits <u>auf dem</u> <u>Tisch</u>.*
- *<u>Beim</u> **Servieren** muss man Folgendes beachten: ...*
- *<u>Im</u> **Wesentlichen** sind folgende Umgangsformen angebracht: ...*
- *<u>Im</u> **Allgemeinen** besteht die Kleidung aus ...*

Tipp: So kurz wie möglich – so verständlich wie möglich:

Wie viel Substantivierung tut gut? Generell gilt beim Schreiben: Bei Substantivierungen werden Informationen verdichtet und ggf. sogar mit weniger Anzahl von Wörtern vermittelt. Zu kurz Formuliertes wird aber schnell unverständlich. Entscheiden Sie selbst, wann welcher Stil angebracht ist.

Der **Nominalstil** erinnert an Werte, Gesetze, allgemeinverbindliche Normen, Verhaltensregeln, einen bürokratischen Stil.	Der **Verbalstil** beschreibt den Arbeitsprozess, und zwar so anschaulich, dass Sie ihn sich auch bildlich vorstellen können.
Die Einhaltung des Jugendarbeitsschutzgesetzes im Arbeitsprozess muss von den zuständigen Behörden immer wieder überwacht werden.	*Die gesetzlichen Bestimmungen des Jugendarbeitsschutzgesetzes sollten eingehalten werden, um den Azubi während der Ausbildung optimal fordern und fördern zu können.*

7.3.2 Fehlerquellen durch unbedachtes Abschreiben aus Fachbüchern

a) Vermeiden Sie Stichworte und Wortgruppen

Keine Stichpunkte

Seien Sie kritisch gegenüber dem Stil der Fachtexte. Viele Lehrbücher notieren das Wissenswerte gern in Kurzform: als einzelnes Stichwort (*Nachtruhe*) oder in mehrere Worte umfassenden Wortgruppen (*auf preisliche Vorteile hinweisen/schwarze Hose, kombiniert mit weißem Hemd*). Auf diese Weise lassen sich die Kerngedanken leicht einprägen. Ihre Facharbeit beschreibt aber die verbindenden Zusammenhänge, das erfordert die Bildung vollständiger Sätze.

Beispiel: Sätze statt Wortgruppen:

Stichworte und Wortgruppen aus der Fachliteratur	Umgewandelt in Sätze
Gewährleistung von Ruhepausen und Aufenthaltsräumen, Anspruch auf dreißig Minuten Pause, ununterbrochene Freizeit von mindestens 12 Stunden, Recht auf arbeitsfreien Samstag ...	Das Jugendarbeitsschutzgesetz **enthält** zahlreiche Festlegungen, z.B. *die Gewährleistung ..., den Anspruch ..., eine Freizeit ..., das Recht ...* (In diesem Fall werden die Stichworte zu *Objekten, die vom Prädikat „enthält" in den vierten Fall gezwungen sind.)*
*Den Teller zwischen Zeigefinger und Daumen **halten** und mit den übrigen Fingern **stützen**. Den ersten Teller als Handteller **aufnehmen**.* (Das Verb ist noch kein Prädikat, weil das Subjekt – die Servicekraft– fehlt)	*Die Servicekraft **hält** den Teller zwischen Zeigefinger und Daumen und stützt ihn mit den übrigen Fingern. (...)*

b) Keine direkte Anrede

Keine Anrede

Um Ihnen das nötige Grundwissen möglichst anschaulich nahe zu bringen, werden Sie von den Autoren der Fachbücher häufig angeredet, z.B. so:

„Ihre Freundlichkeit, Ihr Einsatz und Ihr Auftreten sind entscheidende Faktoren dafür, wie der Gast die Qualität und den Ruf unseres Hauses erlebt und einstuft. Ihre gute Arbeitsleistung im Team sichert die Qualität und damit den Fortbestand Ihres Ausbildungsbetriebes – und somit auch Ihres Arbeitsplatzes“

Die Versuchung zur Übernahme dieser und ähnlicher Wortvorlagen ist groß und Ihr Abstand zur fachlichen Vorlage manchmal zu gering, so dass Sie diese Anreden unbemerkt in Ihre Facharbeit übernehmen. Eine Facharbeit soll aber nur informieren.

- Ersetzen Sie das Anredepronomen **Sie/Ihre/Ihnen** durch das unpersönliche Pronomen **man** oder
- verwenden Sie eine Passivkonstruktion mit *wird* bzw. *werden*.

Beispiel: verschiedene Anreden

Kapitel „Gästetypen“ mit übernommener Anrede	Sachliche Beschreibung der Gästetypen
Der zurückhaltende Gast tritt bescheiden auf und ist schwer in ein Verkaufsgespräch einzubinden. Führen Sie ihn geduldig und freundlich zur Kaufentscheidung.	*Den zurückhaltenden Gast führt man geduldig und freundlich zur Kaufentscheidung.* Oder *Der zurückhaltende Gast wird geduldig und freundlich zur Kaufentscheidung geführt.*
Der Stammgast wünscht persönlich begrüßt zu werden und erwartet, dass seine besonderen Wünsche dem Personal bekannt sind. Sprechen Sie ihn mit Namen an und berücksichtigen Sie unaufgefordert seine Gewohnheiten.	*Den Stammgast spricht man mit seinem Namen an und serviert ihm das übliche Getränk, solange er nichts anderes verlauten lässt.* Oder *Der Stammgast wird mit seinem Namen angesprochen ...*
Falscher Stil => Abgeschrieben, nicht nachgedacht	✓ Richtiger Stil

c) Kennzeichnen Sie Zitate!

Zur Erinnerung: Zitate sind wörtliche Übernahmen eines Textes und müssen als solche gekennzeichnet werden. Eigentümlichkeiten der Rechtschreibung und Zeichensetzung bzw. Hervorhebungen (kursiv u.ä.) müssen übernommen werden (vergleiche Kap. 3). Richtig zitieren!

Begrenzen Sie die Zitate auf wichtige Sachverhalte, zum **Beweis** einer These o.ä. Verwenden Sie Ihre Zitate aber nicht als Ersatz für den eigenen Gedanken. Binden Sie auf jeden Fall jedes Zitat in Ihre eigenen Ausführungen ein.

7.3.3 Entwickeln Sie Ihren eigenen Stil

a) Vermeiden Sie die Umgangssprache

Vollverben statt Hilfsverben

Erstens: Beim Sprechen und Reden verwendet man die mündliche Sprache. „*Ich hatte heute viele Gäste, das Restaurant war richtig voll.*“, könnte Ihr Statement am Ende des Arbeitstages lauten. Schriftlich formuliert strafft sich diese Sprache: das Hilfsverb hatte ersetzt sich durch ein Vollverb: *Ich bediente heute viele Gäste.* Das Restaurant war gut besucht. Das Adverb voll wird ausgetauscht durch ein seriöser klingendes stark / gut besucht.

Zweitens: Bei der Wiedergabe von Sachverhalten hebt man unbewusst einiges hervor, dabei verwendet man sprachliche Bilder und andere Stilblüten. Das folgende schlechte Beispiel entstammt der Einleitung einer unkorrigierten Facharbeit:
Diese Facharbeit soll einschlagen wie eine Bombe und auf Menschen treffen, die mit sich nichts anzufangen wissen. Sie soll den Leser aus dem Sessel werfen ... Übersetzt soll der Leser beeindruckt und aufgefordert werden, etwas zu tun.

keine Umgangssprache (Ugs.)

- Vermeiden Sie die Hilfsverben *haben, sein, werden*
- Tauschen Sie diese gegen Vollverben aus: *bedienen, servieren, bonieren* ... Mit abwechslungsreichen Vollverben lässt sich Spannung beim Lesen der Arbeit erzielen.
- Vermeiden Sie Übertreibungen und Untertreibungen, besondere sprachliche und stilistische Mittel.
- Schlagen Sie im Duden nach, wenn Ihnen ein Wort komisch erscheint. „Ugs.“ sagt aus, dass das Wort der Umgangssprache angehört und also in der Facharbeit nicht verwendet werden darf.

b) Vermeiden Sie Wortwiederholungen

keine Wiederholungen

Je mehr Fachtexte Sie lesen, um so häufiger finden Sie dieselben Gedanken in gleichen oder ähnlichen Worten niedergeschrieben. Sobald Sie diese einzelnen „Funde“ in Ihrem Kapitel zusammenschreiben, kommt es häufig zu Wiederholungen. Wiederholungen verbreiten Langeweile und den Eindruck, dass Sie Ihr Thema nicht wirklich beherrschen. Was können Sie dagegen tun?

⇨ Variieren Sie die Bezeichnung.
⇨ Stellen Sie die Satzglieder um.
⇨ Finden Sie Synonyme.

Das Synonymwörterbuch gibt Auskunft über die zahlreichen Varianten. Sie müssen selbst entscheiden, welche Ihnen davon in Ihrem Textzusammenhang angebracht erscheint.

Beispiele gegen Wortwiederholungen

Variieren Sie die Bezeichnung für die Gäste: Der Selbstbewusste (Substantivierung), dem hilflosen Gast (Objekt im Dativ)	– *Der Selbstbewusste verlangt zielstrebig die Speisekarte und wählt ohne viel Nachfragen seine Speise aus. Dem hilflosen Gast muss man gelegentlich wenige Speisen vorschlagen, aus denen er die gewünschte benennt. Redet ein Gast viel, hört man höflich zu und versucht ihm zwischendurch eine Bestellung zu entlocken.*
Stellen Sie die Satzglieder um: Beginnen Sie die Sätze abwechselnd mal mit dem Subjekt, dann mit dem Objekt, dann mit einer Adverbialbestimmung oder gar mit dem Prädikat (Reihenfolge nach Belieben).	– *Die Servicekraft benötigt auf jeden Fall ihr Kellnerbesteck.* – *Die Unterlegscheibe braucht sie, um einen wackelnden Tisch auszugleichen.* – *Damit sie Bestellungen aufnehmen kann, trägt sie einen Kellnerblock mit Kugelschreiber bei sich.* – *Will ein Gast rauchen, zückt die Servicekraft ein Feuerzeug...*
Finden Sie Synonyme für den gleichen Vorgang oder Sachverhalt Synonyme benennen das gleiche nur mit jeweils anderen Worten.	– Die Person, die den Gast im Restaurant bedient, kann man *Restaurantfachfrau, Servicekraft, Servicepersonal*, bezeichnen. – Das verdiente Geld kann man auch Umsatz oder Einnahmen nennen. – Das Restaurant ist auch eine Gaststätte. – Aus Notsituationen, wie zum Beispiel plötzlich ausbrechenden Bränden, kann man Gäste retten, in Sicherheit bringen, bergen, erretten, man kann ihnen Rettung bringen, sie der Gefahr oder dem Untergang entreißen, man kann sie befreien, ihnen helfen oder heraushelfen, man kann sie auch herausholen.

c) Vermeiden Sie das leere Wörtchen „es"

„Es" – worum gehts?

„Es" ist ein inhaltlich leeres, nichtssagendes Wort. „Es" steht anstelle eines Subjektes, damit der Satz grammatisch richtig aufgebaut ist.
Ein Satz liefert aber bekanntlich immer zwei Informationen: eine bekannte (Subjekt) und eine unbekannte (Objekt). Das Wörtchen „es" enthält eine der beiden Informationen vor – und sollte deshalb vermieden werden.

Beispiele zum Ersatz des Platzhalters „es“

Es gibt verschiedene Gästetypen.	*– Im Restaurant kennt man verschiedene Gästetypen ...*
Es gibt viele Aufgaben im Service.	*– Die Aufgaben im Service reichen von der Vorbereitung über die Gästebetreuung bis zum Kassensturz.*
Es gibt viele Gesetzesregelungen.	*– Den Schutz der menschlichen Arbeitskraft gewährleisten eine Reihe von Gesetzen im Arbeitsrecht: das Jugendarbeitsschutzgesetz, das Mutterschutzgesetz, das Behindertenschutzgesetz, das Arbeitszeitgesetz, das Kündigungsschutzgesetz.*
Es gibt eine bestimmte Kleiderordnung.	*– Zur Kleiderordnung in der Küche gehören ...*

Checkliste Schreibarbeit

Inhaltliche Anforderungen:

- ✓ Die Einleitung stellt das Thema vor – der Hauptteil stellt das Wissen dar – die Zusammenfassung benennt wesentliche Erkenntnisse.
- ✓ Der Hauptteil besteht aus Kapiteln, mit je einer Überschrift: es werden Sachverhalte erklärt, beschrieben, dargestellt usw.
- ✓ Jedes Kapitel besteht aus drei Abschnitten: Einleitesatz – Hauptteil – Schlusssatz.
- ✓ Jedes Kapitel sollte folglich mehrere Absätze haben, mindestens drei.
- ✓ Die Aufmerksamkeit des Lesers lenken Sie durch einleitende und überleitende Worte.
- ✓ Sämtliche Überschriften und Zwischenüberschriften werden durchnummeriert und im Inhaltsverzeichnis aufgelistet.

Sprachliche Anforderungen:

- ✓ Keine Wortwiederholungen (kein Platzhalter-„es“, variierende Satzanfänge, Synonyme, umfangreicher Fachwortschatz),
- ✓ Zusammenhänge durch treffende Konjunktionen verdeutlichen,
- ✓ sachlicher Stil: Keine Anreden oder Übertreibungen,
- ✓ Hochsprache: Keine Umgangssprache,
- ✓ Vollverben vor Hilfsverben,
- ✓ vollständige Sätze: Subjekt – Prädikat – Objekt,
- ✓ keine Stichpunkte oder Wortgruppen.

7.4 Formale Anforderungen

Jede Facharbeit hinterlässt auf den ersten Blick einen ganz bestimmten Eindruck. Dazu zählt eine klare Themenstellung, eine fehlerfreie Darstellung und die eidesstattliche Erklärung (der selbstständigen Bearbeitung der Aufgabenstellung). Dazu noch einige Hinweise.

7.4.1 Überarbeiten: auf Fehlersuche

Wozu das Ganze nochmals lesen? Wozu streichen, ergänzen, neu formulieren, umformulieren, Absätze umstellen, Schwerpunkte durcheinander würfeln? Wozu im Extremfall das Konzept überarbeiten, die Arbeit neu schreiben? Der Grund: Ein guter Text ist verständlich. Er liest sich flüssig hintereinander weg. Kein Gedanke erscheint doppelt, keine Phrasen werden gedroschen, Langeweile wird durch abwechslungsreiche Wortwahl vermieden. Niemand muss mittendrin aufhören zu lesen, um vorn noch einmal nachzuschlagen. Der Leser fragt nicht am Ende des Textes: Worum ging es hier eigentlich?

Die Facharbeit lebt vom überlegten Schreiben. Sie sollten das Geschriebene wiederholt durchlesen. Dabei können Ihnen Gedankensprünge und sprachliche Fehler ins Auge fallen, die Sie korrigieren sollten.

Logik der Gedanken herstellen

Die häufigsten Fehlerquellen:

⇨ Die Reihenfolge ist verkehrt,	▪ *wenn z.B. zur Berufsbekleidung nach der Jacke gleich die Schuhe und danach erst die Hose beschrieben wird.*
⇨ Gedankengänge sind unvollständig,	▪ *wenn z.B. angekündigtes Handwerkszeug vorenthalten wird.*
⇨ fehlerhaft zitiert:	▪ *weil plötzlich das Zitat mit seinen Gedanken nicht mehr in Ihren eigenen Gedankengang hineinpasst. Haben Sie zu viel oder zu wenig übernommen oder die Gänsefüßchen verkehrt gesetzt? Bitte nachschauen.* ▪ *Haben Sie die Quelle richtig angegeben? Entweder (mit Verfasser und Seitenzahl) gleich hinter das Zitat oder in einer Fußnote unten am Textrand. Die dazugehörige Ziffer steht dann als hochgeschriebene Zahl im Text auch gleich hinter dem Zitat.*
⇨ Die Argumentation ist unklar,	▪ *wenn Argumente sich widersprechen oder lückenhaft sind und damit die Behauptung nicht begründet werden kann.*
⇨ Beispiele sind unpassend gewählt:	▪ *weil ein Sachverhalt am falschen Beispiel veranschaulicht wird.*

Suchen Sie nach Fehlern

Dazu kommen Stil-, Rechtschreib- und Grammatikfehler. Um sie zu finden, sollten Sie nach einer Pause den Text ein zweites oder sogar drittes Mal durchlesen und einen Unbeteiligten mitlesen lassen. Denn Sie „sehen" irgendwann Ihre eigenen Fehler nicht mehr.

7.4.2 Der gute Eindruck

Der äußere Eindruck

Der gute Eindruck Ihrer Arbeit erwächst auch aus äußeren Faktoren. Achten Sie vor allem auf folgende Dinge:

- Die Facharbeit im Computer tippen und auf weißem, unliniertem Papier einseitig ausdrucken.
- 1,5 zeilig
- Zeichengröße 12 Punkte
- Überschriften hervorheben
- Keine leeren Seiten mit nur zwei Zeilen beschreiben. Besser auf der selben Seite das neue Kapitel beginnen lassen.
- Seitenrand ca. 50 Zeilen zu 60 Anschlägen (links 4 cm, rechts 3 cm Rand)
- Zitate über mehr als drei Zeilen werden einzeilig gedruckt und am Rand etwas eingerückt.
- Keine Fettflecken, keine Eselsohren,
- stabile Heftung oder Bindung,
- jede Seite ohne Klarsichthülle abheften.

7.4.3 Wichtige Seiten einer Facharbeit

a) Das Deckblatt

Es enthält Ihren Namen, den Titel der Arbeit, das Datum und das Fach, dem das Thema entnommen ist. Sie sollten diese wenigen Zeilen ordentlich formatieren, so dass das ganze Blatt optisch damit ausgefüllt ist.

b) Das Literaturverzeichnis

In diesem Verzeichnis werden die Daten sämtlicher Literatur notiert, die zum Schreiben der Facharbeit verwendet wurden.

⇨ Alle im Hauptteil genannten Autoren müssen im Literaturverzeichnis wieder zu finden sein.

⇨ Zur Erinnerung: Man unterscheidet Angaben zu Fachbüchern, Zeitschriftenartikeln und Daten aus dem Internet (vgl. Kap. 3). Diese sind deutlich voneinander zu trennen.

c) Die eidesstattliche Erklärung

Im Sinne des Urheberrechtes müssen Sie versichern, dass Sie Ihre Facharbeit wirklich eigenständig geschrieben und nur dort, wo angegeben, abgeschrieben haben. Erwischt Sie jemand beim Gedankenklau, kann das gerichtliche Folgen nach sich ziehen. Der folgende Text bewahrt Sie davor. Sie dürfen ihn abschreiben – ohne zu zitieren (ausnahmsweise):

Erklärung

Hiermit versichere ich, die vorliegende Arbeit selbstständig und unter ausschließlicher Nutzung der angegebenen Hilfsmittel angefertigt zu haben.

7.5 Checkliste Facharbeit

Hier nun zusammenfassend nochmals im Überblick, was Ihre Facharbeit am Ende druckreif, also „rund" macht:

- ✓ Ca. 20 Seiten, geheftet oder gebunden.
- ✓ Seitenzahlen, 3 cm Rand, Kopf- oder Fußzeilen sind freiwillig.
- ✓ Keine leeren Blätter mit nur ein paar Zeilen Text, Ausnahme: Zusammenfassung / Literaturverzeichnis, Eidesstattliche Erklärung.
- ✓ Deckblatt mit Name, Thema, Fach, (Name des Lehrers,) Abgabedatum.
- ✓ Inhaltsverzeichnis: durchnummerierte Überschriften aus dem Hauptteil mit Seitenangabe.
- ✓ Einleitung: was will ich? Thema beachten.
- ✓ Hauptteil mit durchnummerierten Überschriften zu den einzelnen Kapiteln.
- ✓ Jedes Kapitel enthält einen einleitenden Satz und einen abschließenden zusammenfassenden Satz, der Hauptteil eines Kapitels ist in sich strukturiert und darf Zwischenüberschriften enthalten. Die Struktur ergibt sich aus dem Einleitesatz.
- ✓ Sachlicher Stil ohne Umgangssprache und persönliche Anrede.
- ✓ Flüssige Sprache ohne Wortwiederholungen, mit ganzen Sätzen.
- ✓ Korrekte Schreibung nach den Normen der neuen deutschen Rechtschreibung.
- ✓ Zusammenfassung: was habe ich erreicht?
- ✓ Quellen- / Literaturverzeichnis, ggf. Abbildungsverzeichnis.
- ✓ Alle Abbildungen sind an der richtigen Stelle.
- ✓ Eidesstattliche Erklärung.

Sachwortverzeichnis